AF552971

दुनिया को बदल देनेवाले
50 युद्ध

दुनिया को बदल देनेवाले
50 युद्ध

पल्लव किशोर

प्रकाशक • **ज्ञान विज्ञान एजूकेयर**
3639, प्रथम तल
नेताजी सुभाष मार्ग, दरियागंज
नई दिल्ली–110002

संस्करण • 2026
मूल्य • चार सौ रुपए
मुद्रक • आर–टेक ऑफसेट प्रिंटर्स, दिल्ली

DUNIYA KO BADAL DENEWALE 50 YUDDHA
by Shri Pallav Kishore ₹ 400.00
Published by **GYAN VIGYAN EDUCARE**
3639 Netaji Subhash Marg, Darya Ganj, New Delhi-110002
ISBN 978-93-92574-03-0

दो शब्द

प्राचीन काल से जैसे ही सभ्यता का विकास होता गया, युद्ध का प्रचलन भी बढ़ता गया। मनीषियों ने युद्ध के भिन्न-भिन्न कारण बताए, जैसे—जर, जोरू, जमीन। लेकिन विकास की दृष्टि से युद्ध के कारण भी बदल गए।

दुनिया को बदल देनेवाले पचास महत्त्वपूर्ण युद्धों का चुनाव करना आसान काम नहीं है। वैसे काफी समय से महत्त्व के आधार पर दुनिया भर के इतिहासकार ऐसे युद्धों की सूची तैयार करते रहे हैं और इसके लिए अलग-अलग पैमाने का इस्तेमाल करते रहे हैं। ऐसे अनेक इतिहासकारों के ग्रंथों को आधार बनाकर इस पुस्तक में पचास निर्णायक युद्धों का चयन किया गया है।

युद्ध सभी राष्ट्रों की स्थायी प्रक्रिया रही है। व्यक्ति, राज्य एवं राष्ट्र का अस्तित्व संघर्ष एवं युद्ध पर ही आधारित रहा है।

युद्ध का महत्त्व मानव सभ्यता, विज्ञान तथा तकनीकी विकास में सदैव रहा है। जब से इतिहास आरंभ होता है तब से लेकर आज तक युद्ध अनवरत चलता आ रहा है और मानव अस्तित्व के रहने तक निरंतर चलता रहेगा।

विश्व के इतिहास में कोई भी ऐसा क्षण नहीं रहा है जबकि युद्ध न हुआ हो। इसलिए कहा जाता है कि युद्ध एक आवश्यक बुराई है। अतः युद्धों का अध्ययन शांति की परिकल्पना को साकार बनाने के लिए आवश्यक है।

युद्ध में समय एवं परिस्थितियों के आधार पर परिवर्तन होता रहा है, किंतु इसके सिद्धांत सदैव स्थायी रहे हैं। यही कारण है कि विगत युद्धों में

शस्त्रास्त्रों के आकार-प्रकार एवं प्रयोग में परिवर्तन अवश्य हुए हैं, किंतु सभी युद्धों के मूल तत्त्व प्राय: एक जैसे रहे हैं।

यदि गंभीरता से विचार करें तो ज्ञात होता है कि युद्ध समाज के विकास में अत्यंत महत्त्वपूर्ण एवं निर्णायक तत्त्व रहा है। आज युद्ध की विभीषिका ने समस्त संसार को अपनी परिधि में समेट लिया है, जिसके कारण मानव के अस्तित्व तक पर एक प्रश्नचिह्न लग गया है। जनसाधारण को युद्ध की जानकारी देकर शांति के प्रति जागरूकता पैदा करना इस पुस्तक का उद्‌देश्य है।

अनुक्रम

ट्रॉय का युद्ध
(1190 ई.पू.)

ट्रॉय यूनान का एक टापू था, जो टर्की के समुद्र पर बसा हुआ था। यूनान के प्रसिद्ध कवि होमर ने अपने महाकाव्य इलियट में ट्रॉय के युद्ध का वर्णन बड़े अच्छे ढंग से किया है।

ट्रॉय को प्राचीन यूनानी भाषा में 'इलियोस' या 'इलियोन' और लैटिन भाषा में 'इलियम' कहते थे। हेज का मानना है कि 'इलियम' का नाम 'इलियम' से लिया गया है जबकि कुछ इतिहासकारों के अनुसार यह 'इलियोन' से लिया गया है।

1870 ई. तक यूरोपीय विद्वानों की यही धारणा थी कि ट्रॉय का युद्ध वास्तविक नहीं काल्पनिक था। न तो ट्रॉय कोई स्थान था, न युद्ध के पात्र ही वास्तविक थे। स्थान, पात्र और कथा सब कुछ होमर की कल्पना थी। उसने अपनी कल्पना के द्वारा ही ट्रॉय के युद्ध का वर्णन किया था। किंतु जर्मन पुरातत्त्ववेत्ता हेनरिक रिलमैन ने 1870 ई. में अपनी खोजों के द्वारा लोगों की धारणा का निर्मूल कर दिया। उसने खुदाई के द्वारा सिद्ध किया था कि ट्रॉय के युद्ध के पात्र भी वास्तविक थे।

हेनरिक की खोजों के अनुसार लगभग पाँच हजार वर्ष पूर्व ट्रॉय एक समृद्धिशाली नगर था। खुदाई से जो अवशेष चिह्न पाए गए हैं, उनसे नगर की समृद्धि का पता चलता है। अवशेषों से यह भी ज्ञात होता है कि किसी समय ट्रॉय में महत्त्वपूर्ण शासन था। होमर ने अपने काव्य इलियट में जिस

युद्ध का वर्णन किया है, यह युद्ध उसी ट्रॉय में ईसा के जन्म से 1190 वर्ष पूर्व हुआ था।

ट्रॉय के युद्ध की संक्षिप्त कहानी इस प्रकार है। प्रथम कहानी के अनुसार स्पार्टा के राजा मेन्यूलस की पत्नी हेलन थी जो उस समय की अद्वितीय सुंदरी थी। ट्रॉय और स्पार्टा के राजा के बीच आए दिन झगड़े होते रहते थे।

इस आपसी वैमनस्य को समाप्त करने के लिए ट्रॉय के राजा प्रायम का पुत्र पेरिस स्पार्टा के शासक मेन्यूलस के दरबार में आया। पेरिस ने मेन्यूलस के दरबार में जिस निर्भीकता एवं शालीनता से विचार व्यक्त किए, उसके कारण रानी हेलन उन पर मोहित हो गई और पेरिस भी रानी पर मोहित हो गया। पेरिस और हेलन ने तय किया कि स्पार्टा को छोड़कर कहीं अन्य जगह चला जाए।

दूसरी कहानी इस प्रकार से है कि एक बार तीन स्त्रियों की सुंदरता की प्रतियोगिता हुई, तीनों में कौन सबसे सुंदर है इसके निर्णय का भार ट्रॉय के राजा के पुत्र पेरिस पर रखा गया। उसने तीनों स्त्रियों में से एक को सर्वश्रेष्ठ सुंदरी घोषित किया। वह स्पार्टा के राजा मेन्यूलस की पत्नी हेलन थी। पेरिस ने उसकी सुंदरता पर मुग्ध होकर उसे प्राप्त करने का षड्यंत्र रचा। वह अपने षड्यंत्र में सफल हुआ।

दोनों कहानियों का सार यह है कि हेलन को पेरिस अपने साथ लेकर अपने राज्य ट्रॉय पहुँचा, वह भी रात्रि में। पेरिस पर आरोप लगाया गया कि उसने स्पार्टा की रानी हेलन का अपहरण किया है जबकि पेरिस के साथ जाने में हेलन की स्वीकृति थी। पेरिस ने हेलन को अपने राज्य ट्रॉय के किले में बंद कर दिया।

हेलन के अपहरण से यूनान निवासी उत्तेजित हो उठे। उन्होंने अपने राज्य की सेना लेकर ट्रॉय पर आक्रमण कर दिया। यूनानी लगभग 10 वर्षों तक ट्रॉय के दुर्ग पर आघात करते रहे किंतु वे दुर्ग के भीतर प्रवेश करने में असफल रहे।

'इलियड' में दसवें वर्ष का युद्ध कैसे लड़ा गया, इसका वर्णन है। दसवें

वर्ष की सबसे महत्त्वपूर्ण घटना यह थी कि इस संघर्ष में ट्रॉय का सेनापति हेक्टर मृत्यु को प्राप्त हुआ परंतु पेरिस ने हिम्मत नहीं हारी और ट्रॉय दुर्ग के द्वार नहीं खोले।

इस पर ओडेसियस ने छल-कपट से ट्रॉय को जीतने के लिए एक नई योजना बनाई। इसके अनुसार लकड़ी का एक विशाल घोड़ा बनाया गया और दस चुने हुए यूनानी योद्धा उनमें छिपा दिए गए। एक रात्रि को यूनानी सैनिकों ने लकड़ी का घोड़ा ट्रॉय नगर के बाहर छोड़कर वापस लौट जाने का प्रदर्शन किया।

यूनानी सैनिक वहाँ से चलकर समीप के द्वीप के पीछे छिप गए। यूनानियों के जाने के बाद ट्रॉय लोगों ने द्वार खोल दिए और लकड़ी के घोड़े को यूनानियों द्वारा दिया विजय का पुरस्कार समझकर उसे दुर्ग के अंदर ले आए।

रात्रि में ट्रॉय दुर्ग के द्वार बंद कर दिए गए। इसके बाद यूनानियों के भागने की खुशी में ट्रॉय के सैनिक शराब पीकर जश्न मनाते रहे और फिर सो गए। होमर के अनुसार रात्रि में जब ट्रॉयवासी सो रहे थे तब लकड़ी के घोड़े के पेट में छिपे यूनानी सैनिकों ने ट्रॉय के द्वार खोल दिए।

अब तक यूनानी सेना वापस लौटकर ट्रॉय आ गई थी। रात्रि के अँधेरे में सोए हुए ट्रॉयवासियों पर यूनानियों ने अचानक आक्रमण कर दिया और बहुत से ट्रॉयवासियों को मौत के घाट उतार दिया।

पेरिस और उसके आठ भाई युद्ध करते हुए मारे गए और यूनानी सैनिकों ने हेलन को अपने अधिकार में ले लिया। यूनानी सैनिकों ने बदले की भावना से प्रेरित होकर ट्रॉय को लूटा और जलाकर राख कर दिया।

इस प्रकार यूनानियों ने ट्रॉय पर विजय प्राप्त की और आसपास के क्षेत्र में अपने उपनिवेश स्थापित किए, दस वर्ष बाद स्पार्टा की रानी हेलन को जबरदस्ती वापस स्पार्टा लाया गया।

इस युद्ध में प्रायम के पुत्र सेनापति हेक्टर एवं यूनानी सेनापति एकिलीस ने अत्यंत बहादुरी से लड़ाई लड़ी, जिसमें हेक्टर की मृत्यु हुई।

ट्रॉय निवासी हेक्टर को देवता की भाँति पूजा करते थे। उसी हेक्टर को एकिलीस ने धरती पर लिटा दिया था। वह कटे हुए वृक्ष की भाँति निश्चेष्ट पड़ा था। एकिलीस ने उसके मृत शरीर को रथ के पीछे बाँधकर घोड़ों को दौड़ा दिया। हेक्टर का शरीर दूर तक घिसटता हुआ चला गया। उसकी माँ फूट-फूटकर रोने लगी। उसके पिता से यह हृदय-विदारक दृश्य नहीं देखा गया।

ट्रॉय पर यूनानियों का अधिकार हो गया। हेक्टर की पराजय के बाद ट्रॉय के युद्ध का अंत हो गया।

❑

मैराथन का युद्ध
(490 ई.पू.)

डेरियस ईरान का एक प्रसिद्ध एवं पराक्रमी शासक था। उसका राज्य पश्चिम की ओर ईजियन सागर से लेकर पूर्व की ओर सिंधु नदी तक और उत्तर की ओर सिथियन के मैदान से लेकर दक्षिण की ओर मिस्र नदी तक फैला हुआ था।

उसका राज्य कुल 20 प्रांतों में बँटा हुआ था तथा प्रत्येक का प्रमुख अधिकारी (क्षत्रप) स्वतंत्र राजा की भाँति था।

एशिया के पश्चिमी किनारे पर ग्रीक लोगों की बस्तियाँ थीं, जिन्हें आयोनिया कहा जाता था। इन ग्रीक बस्तियों में डेरियस का ही अधिकार था। इसलिए उसने ग्रीक जनता को खुश रखने के लिए इस प्रांत का अधिकारी भी ग्रीक नागरिक को बनाया।

परंतु ग्रीक डेरियस के समर्थक नहीं थे और उन्होंने उसके विरुद्ध बगावत का बीड़ा उठाया। ग्रीक आरिस्टागोरास ने इस अभियान के लिए स्पार्टा की सहायता माँगी, परंतु स्पार्टा के राजा क्लियोमिनिस ने सहायता देने से इनकार कर दिया।

अब ग्रीक अरिस्टागोरास ने एथेंस की सहायता माँगी और एथेंस के साथ मिलकर डेरियस का मुकाबला किया। अंततः सैन्यशक्ति संगठन के अभाव में ग्रीक सेना को पराजित होना पड़ा तथा एक बार ग्रीक पुनः बिखर गए।

डेरियस की साम्राज्य लिप्सा दिन-प्रतिदिन बढ़ती जा रही थी। एक

दिन डेरियस ने सब ग्रीक लोगों को संदेश भेजा कि इस बात को जतलाने के लिए तुमको हमारी अधीनता स्वीकार है, तुम इस जासूस के द्वारा मिट्टी और पानी भेज दो।

थीब्स तथा ईजीना ने तो दासता स्वीकार कर ली, परंतु एथेंस और स्पार्टा ने इसका विरोध किया और ईजीना को भी लड़कर अपने अधीन कर लिया। ईरानी शासक डेरियस ने बदला लेने के लिए भारी जहाजी सेना के साथ ग्रीस पर चढ़ाई कर दी और इस युद्ध का शुभारंभ हो गया।

ईरान ने भारी जहाजी सेना के आक्रमण द्वारा ग्रीस पर अधिकार करने का जोरदार प्रयास किया, जिसमें मार्ग में आनेवाले टापू भी जीत लिये तथा यूबिया में आकर इरिट्रिया को घेर लिया और उसे जलाकर नष्ट कर दिया। मैराथन के मैदान में अपनी सेना का पड़ाव लगा दिया।

ईरानी सेना का मुकाबला करने के लिए प्वेटिका के ग्रीक लोगों ने स्पार्टा का सहयोग लेना आवश्यक समझा, इसलिए अपने धावकों को भेजा, जिन्होंने 150 मील की दूरी 48 घंटे में तय की।

स्पार्टा के सहयोग से तथा प्रतिभाशाली एवं साहसी मिल्टियाड्स के कुशल नेतृत्व में 11,000 ग्रीक सैनिकों ने ईरानी डेरियस के नेतृत्ववाली 20,000 सैनिकों की सेना को पूर्णतया पराजित कर दिया।

इस युद्ध में ग्रीक सेना में गुलामों की भरती थी, जिन्हें बौद्धिक प्रशिक्षण भी प्राप्त नहीं था, परंतु वे अत्यंत उत्साही एवं जोशीले थे।

इसका रहस्य यह था कि ग्रीक सेनापति ने उन्हें वचन दिया था कि यदि इस युद्ध में विजय मिली तो उन्हें स्वतंत्र कर दिया जाएगा।

इस सफलता से मिल्टियाड्स की प्रतिष्ठा बहुत बढ़ गई। इस युद्ध में पराजय से डेरियस (ईरानी) को बड़ा आघात पहुँचा और पुनः बदला लेने के लिए जोरदार सैनिक तैयारी की, परंतु इतने में ही उसका देहांत हो गया।

परिणाम एवं शिक्षाएँ

1. इस युद्ध से यूनान के छोटे-छोटे प्रांतों में एकता की वजह जाग्रत् हुई, ताकि भावी युद्धों का सहजता से सामना कर सकें।
2. इस युद्ध में यूनान की सफलता का श्रेय मिल्टियाड्स के कुशल नेतृत्व को ही है, जिसने अपनी प्रखर प्रतिभा द्वारा ईरान की विशाल सेना को पराजित होने के लिए मजबूर कर दिया।
3. युद्धों में सफलता का आधार बड़ी संख्या में सेना का होना नहीं होता बल्कि सैनिक भावना का होता है।
4. युद्ध में गतिशीलता का सिद्धांत सदैव ही सहायक सिद्ध होता है, जैसा कि इस युद्ध में गतिशील धावकों के द्वारा स्पार्टा को संदेश भेजकर सहयोग लिया गया।
5. इस युद्ध ने यह प्रमाणित कर दिया कि सहयोग के बल पर शक्तिशाली सेना का मुकाबला ही नहीं किया जा सकता, बल्कि उस पर अधिकार भी किया जा सकता है।
6. युद्ध में सफलता पाने के लिए आक्रामक पहल अनिवार्य है, जैसा कि इस युद्ध में ईरानी सेना ने मैराथन के मैदान में छावनी बनाकर शत्रु का इंतजार किया, जबकि ग्रीक ने आक्रामक पहल करके युद्ध की सफलता को अपने पक्ष में कर लिया।

❑

प्यूनिक युद्ध
(264-146 ई.पू.)

कार्थेज का राज्य अफ्रीका के उत्तर-पूर्वी किनारे पर स्थित है। इस उपनिवेश को कोनेशिया के व्यापारियों ने बसाया था और इसे प्यूनिक उपनिवेश भी कहते थे। रोम के उत्कर्ष से सैकड़ों वर्ष पूर्व ही कार्थेज ने भूमध्य सागर के तटों पर अपना व्यापारिक एकाधिकार स्थापित कर लिया। आगे चलकर कार्थेज और रोम के बीच युद्ध प्रारंभ हो गया। यह युद्ध प्यूनिक युद्ध के नाम से इतिहास में विख्यात है।

कार्थेज वैभवपूर्ण राज्य था जो रोम के बहुत बड़े साम्राज्य से टक्कर लेने की क्षमता रखता था। उसमें और रोम में कई युद्ध हुए। इसका प्रभुत्व दक्षिण अफ्रीका एवं इटली तक फैला हुआ था।

लैटिन भाषा में कार्थेज निवासियों को प्यूनिक कहा जाता है। यही कारण है कि कार्थेज निवासियों और रोम के बीच हुए युद्धों को प्यूनिक युद्ध कहा जाता है।

कार्थेज और रोम के युद्ध का कारण भी व्यापार ही था। कार्थेज और रोम दोनों सिसवी और भूमध्य सागर में अपनी-अपनी व्यापारिक सत्ता स्थापित करना चाहते थे। कार्थेज चाहता था उसकी सत्ता रहे। इसके विपरीत रोम अपनी सत्ता चाहता था क्योंकि उन दिनों रोम का व्यापार बढ़ा-चढ़ा था।

व्यापारिक सत्ता को लेकर ही दोनों में युद्ध की आग जल उठी। ईसा से 264 वर्ष पूर्व जो युद्ध आरंभ हुआ, वह लगभग 100 वर्षों तक चलता रहा। सौ वर्षों के लंबे समय में कार्थेज और रोम में कई युद्ध हुए। उन युद्धों के

कारण ही कार्थेज को अपना वैभव तो खो देना ही पड़ा, अपना नामो-निशान भी मिटा देना पड़ा।

कार्थेज अपने समय का समृद्धिशाली और बहुत ही संपन्न नगर था। शक्तिशाली और धनी कार्थेज और टाइबर नदी के तट पर बसे गरीब लेकिन महत्त्वाकांक्षी नगर के बीच ईर्ष्या थी। कार्थेज एक सभ्य देश था जिसकी चर्चा दूर-दूर तक थी। उसके पास एक विशाल सेना थी। कार्थेज का साम्राज्य बहुत ही विस्तृत था। उसके उपनिवेश दूर-दूर तक फैले थे। अतः रोम कार्थेज से ईर्ष्या करता था।

इस प्रकार रोम कार्थेज की संपत्ति, व्यापार और उपनिवेशों के विनाश के बारे में सोचता रहता था। कार्थेज निवासी भी रोम को अपने समतुल्य नहीं समझते थे। उनकी नजर में रोम एक गरीब देश था जो अपने नागरिकों की बुनियादी आवश्यकताओं की पूर्ति करने में भी विफल था।

कार्थेज का सेनापति हेनिबाल रोम के प्रति घृणा रखता था। रोम तथा कार्थेज दोनों ही साम्राज्य विस्तार की भावना से पीड़ित थे। अतः दोनों एक दूसरे से डरे हुए थे और यह मानते थे कि कभी न कभी युद्ध अवश्य होगा।

रोम के शासक ने अपनी विस्तारवादी नीति के कारण इटली के अधिकांश भागों पर कब्जा कर लिया था और रोमन साम्राज्य इतना बड़ा हो गया था कि उसकी सीमाएँ कार्थेज के राज्य से मिलती थीं। इसलिए कार्थेज रोम के प्रति और भी आशंकित हो गया।

इसके अतिरिक्त रोम की साम्राज्यवादी नीति में कार्थेज जैसे स्वतंत्र राज्य के लिए कोई स्थान नहीं था। इस प्रकार साम्राज्य विस्तार की भावना ने युद्ध को अनिवार्य बना दिया।

सेवाइन ने लिखा है, ''रोम और कार्थेज के बीच एक भयंकर युद्ध अनिवार्य हो गया था। वे दोनों प्रतिद्वंद्वी सभ्यताएँ थीं, जिनमें से प्रत्येक की महत्त्वाकांक्षा थी कि पश्चिमी भूमध्य सागर पर अपना आधिपत्य स्थापित करें।''

रोम के उत्थान से पूर्व कार्थेज का सारे भूमध्य सागर पर व्यापारिक

एकाधिकार था। जहाँ के निवासी भूमध्य सागर के माध्यम से स्पेन के सिसली, जिब्राल्टर, फ्रांस तथा अफ्रीका आदि देशों से व्यापार करते थे।

कार्थेज के जहाज अपने लाल ध्वज फहराते हुए हाथीदाँत, सोना, टीन, ऊनी कपड़े, गरम मसाले और शृंगार की वस्तुएँ लेकर जिब्राल्टर तक जाते थे और वहाँ से आवश्यक सामान लेकर कार्थेज तक लौट आते थे। इस समय कार्थेज ने स्पेन में अपना उपनिवेश राज्य बना लिया था, जिसे 'न्यू कार्थेज' कहते थे।

सारे भूमध्य सागर पर कार्थेज का एकाधिकार था। उसकी स्वीकृति और इच्छा से ही कोई जहाज भूमध्य सागर में प्रवेश कर सकता था। इसलिए सारे भूमध्य सागर को ही 'कार्थेज की झील' कहा जाता था।

रोम और कार्थेज के बीच सिसली का प्रश्न युद्ध का कारण बना। प्लेट एवं जीन ने लिखा है, ''रोम और कार्थेज दोनों ही सिसली के उपजाऊ द्वीप पर, जो इन दोनों के बीच पड़ता था, एकाधिकार करना चाहते थे।''

रोमन शासक ने अपने साम्राज्य के विस्तार के लिए टारेंटुम नगर पर आक्रमण किया, तो सिसली के शासक परिहुस ने टारेंटुम की सहायता के लिए रोम पर आक्रमण कर दिया। इस बार रोम ने कार्थेज की सहायता से परिहुस को युद्ध में निर्णायक रूप से पराजित किया और उसे विवश होकर इटली छोड़ना पड़ा।

इस युद्ध के बाद रोम ने दक्षिण इटली में यूनानी प्रदेशों पर अधिकार जमा लिया। उस समय सिसली के राजा ने यह भविष्यवाणी की थी कि आगे चलकर रोम और कार्थेज में भी आपस में युद्ध होगा, उसकी यह भविष्यवाणी सत्य सिद्ध हुई।

जब कार्थेज ने सिसली पर अधिकार कर लिया तो रोम को भावी आशंकाओं का भय सताने लगा और रोम आक्रमणकारी रक्षात्मक युद्ध में कूद पड़ा। रोम यह नहीं चाहता था कि कार्थेज सिसली पर अधिकार करे, क्योंकि इससे रोम के विकास का मार्ग अवरुद्ध हो सकता था और कार्थेज किसी भी समय रोम पर आक्रमण कर उसकी स्वतंत्रता को नष्ट कर सकता था।

कार्थेज के सिसली पर अधिकार करने के बाद रोम ने उसकी प्रगति रोकने के लिए 264 ई.पू. में सिसली के मेसेना नामक नगर पर अधिकार कर दिया। इस घटना में कार्थेज और रोम के बीच युद्ध शुरू हो गया। यह युद्ध प्यूनिक युद्ध के नाम से प्रसिद्ध है।

रोम और कार्थेज के बीच तीन युद्ध लड़े गए। यह युद्ध 264 ई.पू. से 146 ई.पू. तक चला। यह युद्ध रुक-रुक कर 119 वर्षों तक चलता रहा जिससे जन और धन की अपार क्षति हुई। कार्थेज को पराजित करने के बाद रोम ने पूर्वी देशों में अपने राज्य का विस्तार किया।

❑

थर्मोपोली का युद्ध

(480 ई.पू.)

485 ई.पू. में डेत्यिस की मृत्यु के उपरांत उसका पुत्र जेटेक्सीज फारस की गद्दी पर बैठा। वह अपने पिता की भाँति वीर तथा महत्त्वाकांक्षी सम्राट् था। उसने अपने पिता की पराजय का बदला लेने के लिए एवं साम्राज्य विस्तार के लिए 480 ई.पू. में एक विशाल सेना के साथ यूनान पर आक्रमण कर दिया। यूनान ने स्पार्टा के शासक लियोनिदास के नेतृत्व में सामना किया।

थर्मोपोली एक संकीर्ण दर्रा है, जो यूनान में है। प्राचीन काल में इसी दर्रे से होकर उत्तर की ओर से यूनान में प्रवेश किया जा सकता था। ईसा के जन्म से 840 वर्ष पूर्व फारस की सेनाओं ने इसी दर्रे के मार्ग से यूनान में प्रवेश करने का अथक प्रयत्न किया था।

सुप्रसिद्ध यूनानी सेनापति लियोनिदास ने अद्‌भुत शौर्य के साथ तीन दिनों तक फारस की सेनाओं को आगे बढ़ने से रोके रखा था। उसने युद्ध में जो शौर्य दिखाया, वह अद्‌भुत था। युद्ध थर्मोपोली के द्वार पर हुआ था, इसलिए इस युद्ध को थर्मोपोली का युद्ध कहते हैं।

थर्मोपोली के युद्ध की कहानी बड़ी रोमांचकारी है। थर्मोपोली के युद्ध के पूर्व मैराथन में यूनानी और फारस की सेनाओं में युद्ध हुआ था। उस युद्ध में फारस की सेनाओं को बहुत बड़ी पराजय प्राप्त हुई थी।

फारस का शासक डेरियस उस पराजय के आघात से अत्यधिक दुःखी ा करता था। उसके जीवन का एक ही उद्‌देश्य था—किसी प्रकार वह

यूनान को जीतकर उस पर फारस की पताका फहरा सके।

वह आजीवन प्रयत्न करता रहा, परंतु उसकी अभिलाषा पूरी नहीं हो सकी। वह अपनी भावनाओं के साथ मृत्यु को प्राप्त हुआ।

जैसा कि ऊपर बताया गया डेरियस का पुत्र जेटेक्सीज अपने मित्रों की सलाह पर 480 ई.पू. सेना लेकर एथेंस की ओर चल दिया। वह अपने पिता के समान शूरवीर व साहसी नहीं था।

यदि उसका वश चलता तो वह चुपचाप बैठा रहता परंतु उसके मित्रों और सलाहकारों ने उसे मौन नहीं रहने दिया।

प्रसिद्ध इतिहासकार हेरोडोटस के अनुसार जेटेक्सीज की सेना में 50 लाख सैनिक थे। इसकी एक विशाल सेना ने हेलीस्पेत के मुहाने को पार करके यूरोप में प्रवेश किया था। सारे यूरोप में उसकी सेना के प्रवेश से आतंक उत्पन्न हो गया था।

उसकी सेना का एक-एक सिपाही बड़े उत्साह के साथ अपने देश की विजय के लिए अपना बलिदान करने को प्रस्तुत था। एथेंस के भीतर भी कम उत्साह नहीं था।

सबसे बड़ी बात तो यह थी कि एथेंस और स्पार्टा दोनों अपने पुराने बैर को भुलाकर एकसूत्र में बँध गए थे। उधर, चार्ल्स के लोग ईरानियों से जा मिले थे। ईरानियों की भाँति उनके हृदय में भी यूनानियों के प्रति ईर्ष्या की आग जल रही थी।

यूनानियों ने युद्ध के लिए एक ऐसे स्थान को चुना था जो उनकी दृष्टि में उनके लिए बड़ा अनुकूल था। वह स्थान था थर्मोपोली का दर्रा।

यह दर्रा यूनान के मध्य-पूर्व में स्थित है, इतना सँकरा है कि उससे होकर एक बार में केवल एक ही जहाज निकल सकता है। एथेंस और स्पार्टा की सम्मिलित सेना ने थर्मोपोली के द्वार पर मोर्चा सँभाल लिया।

एथेंस की जलसेना बड़ी प्रबल थी, स्पार्टा की सेना रण-विद्या में अत्यधिक कुशल थी। उसकी बागडोर स्पार्टा के राजा लियोनिदास के हाथों में थी। वह एथेंस की सेना का भी नेतृत्व कर रहा था।

युद्ध के पूर्व थर्मोपोली पहुँचने के बाद जेटेक्सीज ने लियोनिदास को आत्मसमर्पण करने के लिए कहा। इस पर लियोनिदास ने निर्भीकता से उत्तर दिया, "आओ और ले जाओ।" इसके बाद जेटेक्सीज ने अपना एक दूत यूनानी सेनापति के पास भेजा। फारसी दूत ने यूनानी सेनापति से कहा, "हमारे तीर और बल्लम सूर्य को ढँक देंगे।"

लियोनिदास ने उसके उत्तर में कहा, "कोई बात नहीं, हम अँधेरे में लड़ने को तैयार हैं।" इस पर युद्ध आरंभ हो गया।

युद्ध दो दिन तक चलता रहा। कुछ यूनानियों ने गद्दारी की। यूनान की संयुक्त सेना पराजित हुई और उसका सेनापति लियोनिदास अपने तीन सौ सैनिकों के साथ वीरगति को प्राप्त हुआ।

थर्मोपोली के युद्ध में स्पार्टा के राजा लियोनिदास ने असाधारण वीरता एवं साहस का परिचय दिया।

इससे स्पार्टा की प्रतिष्ठा में चार चाँद लग गए और लियोनिदास विश्व इतिहास में अपना नाम सदा के लिए अमर कर गया।

इतिहासकार हेज ने अपनी पुस्तक 'वर्ल्ड हिस्टरी' के पृष्ठ 92 पर लिखा है, "भाग्य ने विजय नहीं मिलने दी, पर उन्हें अमर कीर्ति के ताज से अवश्य अलंकृत कर दिया।"

कुछ वर्षों बाद युद्ध स्थल पर एक शिलालेख स्थापित किया गया, जिसमें लियोनिदास तथा उसके तीन सौ स्पार्टा के सैनिकों के बलिदान को अभूतपूर्व श्रद्धांजलि अर्पित की गई थी। इस शिलालेख पर लिखा था—

"ऐ जानेवाले अपरिचित व्यक्ति! तुम स्पार्टावालों से जाकर कहो कि हम लोगों ने स्पार्टा के कानूनों का पालन करते हुए अपने प्राणों का उत्सर्ग किया।"

थर्मोपोली के युद्ध में यूनानियों की निर्णायक पराजय हुई और फारस को शानदार विजय प्राप्त हुई। फारस के शासक ने एथेंस पर अधिकार कर लिया।

❑

पेलोपोनेशियन का युद्ध
(431 ई.पू.)

एथेंस और स्पार्टा दोनों ने मिलकर फारस को परास्त करने में एक दूसरे का सहयोग किया था। दोनों की शक्ति के सामने फारस को परास्त होना पड़ा परंतु दोनों के संबंधों में कटुता आ गई और वे एक-दूसरे के शत्रु बन बैठे। इतना ही नहीं, दोनों देशों के बीच संघर्ष छिड़ गया।

स्पार्टा एक सैनिक राज्य था, जहाँ प्रत्येक नागरिक को अनिवार्य रूप से सैनिक शिक्षा दी जाती थी। यहाँ के लोग खेल-कूदप्रेमी थे। अतः यहाँ प्रतिवर्ष ओलंपिक खेलों की प्रतियोगिता की जाती थी। आज की ओलंपिक प्रतियोगिता स्पार्टा की मुख्य देन है।

दूसरा राज्य एथेंस था, जिसने पेटिक्लीज के काल में सभी क्षेत्रों में आश्चर्यजनक उन्नति की। पेरिक्लीज ने डलौज संघ के धन को एथेंस के निर्माण कार्य में लगा दिया, जिससे स्पार्टा नाराज हो गया। इसके अतिरिक्त पेरिक्लीज की साम्राज्यवादी नीति से भी स्पार्टा के लोग भयभीत थे। अतः आगे चलकर एथेंस व स्पार्टा दोनों के बीच युद्ध प्रारंभ हो गया, जिसने इतिहास में पेलोपोनेशियन युद्ध के नाम से जाना जाता है।

एथेंस और स्पार्टा में बराबर प्रतिद्वंद्विता चलती रहती थी। उन दिनों यूनान में और भी कई छोटे-छोटे राज्य थे। एथेंस और स्पार्टा दोनों राज्यों को अपने में मिलाने के लिए प्रयत्नशील रहते थे। ईसा के 455 वर्ष पूर्व एथेंस ने बलपूर्वक कोटिंथ को अपने राज्य में मिला लिया। उधर, वोरसिरा ने भी एथेंस से प्रार्थना की कि उसे भी एथेंस में मिला दिया जाए क्योंकि कोरिंथ

और वोरसिरा में भी प्रतिद्वंद्विता की आग जल रही थी।

इन दोनों घटनाओं के फलस्वरूप ही स्पार्टा के हृदय में अपमान की आग जल उठी और उसने ईसा के 431 वर्ष पूर्व एथेंस पर आक्रमण कर दिया।

स्पार्टा के पास थलसेना अधिक थी, परंतु उसके पास जलसेना का अभाव था। दूसरी ओर एथेंस के पास जलसेना बड़ी शक्तिशाली थी। स्पार्टा ने जब आक्रमण किया तो एथेंस के सेनापति पेरिक्लीज ने अपने सैनिकों को आदेश दिया कि हमले के बदले हमला न करें, केवल अपनी रक्षा करें, क्योंकि वे हमला करके सफल नहीं हो सकते थे।

इन्हीं दिनों एथेंस में एक ऐसा दैवी प्रकोप फैला कि जिससे एथेंसवासी घबरा उठे। वह दैवी प्रकोप प्लेग की बीमारी थी। बहुत से आदमी बीमार हो गए, बहुत से मर भी गए। एथेंसवासियों ने सोचा यह बीमारी एथेंस देवी की नाराजगी के कारण फैली है। अत: वे देवी को प्रसन्न करने के उपाय करने लगे।

परिणामस्वरूप उनके मन में साहस और कर्तव्य पालन का भाव नहीं रहा। उन्होंने विजय-पराजय सब कुछ देवी कृपा पर छोड़ दिया। इन्हीं दिनों एक और ऐसी घटना घटी, जिसने एथेंस को हिलाकर रख दिया। बात यह हुई कि ईसा से 429 वर्ष पूर्व पेरिक्लीज का स्वर्गवास हो गया। उसके स्वर्णवास से एथेंस अनाथ हो गया। न तो अब कोई साहसी सेनापति रहा, न कोई उचित सलाह देनेवाला ही रहा। फिर भी युद्ध चलता रहा।

एथेंस की जलसेना शक्तिशाली थी। उसकी जलसेना ने पोलोपोनीज के किनारे स्पार्टा की सेना को घेर लिया। स्पार्टा की सेना के दस हजार सैनिक बड़ी वीरता के साथ एथेंस की सेना का सामना करने लगे परंतु वे सफल नहीं हो सके क्योंकि वे जल की लड़ाई में कुशल नहीं थे।

अत: बहुत सैनिक युद्ध में काम आए। जब केवल 282 सैनिक बच गए, तो स्पार्टा ने संधि के लिए प्रार्थना की, परंतु एथेंस ने अस्वीकार कर दिया। इस तरह बचे हुए सैनिकों को आत्मसमर्पण करना पड़ा।

जल–युद्ध की करारी हार से स्पार्टा क्षुब्ध हो उठा। उसने अपनी प्रबल थलसेना के द्वारा एथेंस पर फिर आक्रमण कर दिया। डेलियम नामक स्थान पर दोनों सेनाओं में भयंकर युद्ध हुआ। दोनों ओर के बहुत से सैनिक मारे गए, बहुत से बंदी बना लिये गए। कई सेनापतियों को भी अपने प्राणों से हाथ धोना पड़ा।

यद्यपि विजय स्पार्टा को मिली परंतु उसकी क्षति भी बहुत अधिक हुई। परंतु यह कहना कि एथेंस हार गया, उचित नहीं होगा। हेलियम की हार के बाद भी इसका अस्तित्व बना रहा।

ईसा से 421 वर्ष पूर्व स्पार्टा और एथेंस में एक संधि हुई। उस संधि के अनुसार दोनों ने एक–दूसरे के युद्ध बंदी लौटा दिए। दोनों में संधि तो हो गई लेकिन दोनों के बीच ईर्ष्या की आग सुलगती रही, अल्सीबाइडीज दक्षिणी इटली और सिसली को मिलाकर एथेंस को शक्तिशाली बनाने का प्रयत्न करने लगा।

एथेंस में एक ऐसी घटना घटी जिसने उसके भाग्य को ही बदल दिया। एक दिन जब सूर्योदय हुआ तो लोगों ने देखा कि एथेंस के द्वार पर हमीज की मूर्ति खंडित होकर टुकड़े–टुकड़े हो गई। इस घटना ने नगर में उत्तेजना फैला दी। अनेक लोगों ने यह कहना आरंभ किया कि अल्सीबाइडीज ने यह बुरा कर्म किया है।

अल्सीबाइडीज देवता के सहारे न रहकर शक्ति और साहस से काम लेना चाहता था। जब उसका नाम मूर्तिभंजक के रूप में किया जाने लगा, तो उसके विरुद्ध नगर में बड़ी उत्तेजना फैली।

वह उस उत्तेजना से डरकर स्पार्टा भाग गया। अल्सीबाइडीज के स्पार्टा जाने से एथेंस कमजोर पड़ गया परंतु स्पार्टा के भीतर नई शक्ति उत्पन्न हो गई। फलस्वरूप ईसा से 418 वर्ष पूर्व स्पार्टा ने पुनः एथेंस पर आक्रमण कर दिया।

एथेंस की सेना ने बड़ी वीरता के साथ युद्ध किया परंतु उसे सफलता नहीं मिली, कई मोरचों पर उसे मात खानी पड़ी। इसका परिणाम यह हुआ

कि एथेंस ने अपने सेनापतियों को दोषी मानकर उसे प्राणदंड दे दिया। उधर अल्सीबाइडीज का स्पार्टा से झगड़ा हो गया। वह स्पार्टा से पारस चला गया।

एथेंस के लोग अल्सीबाइडीज को पुनः एथेंस में बुलाने लगे, पर उसने एथेंस जाना स्वीकार नहीं किया। उसने कहा जब तक एथेंस में प्रजातंत्रवाद रहेगा, वह एथेंस नहीं जाएगा। आखिर उसकी बात मानकर प्रजातंत्र समाप्त कर दिया गया। अल्सीबाइडीज एथेंस गया और उसको सम्मानित किया गया तथा कुछ दिनों बाद उसे अपना सेनापति बना दिया।

❑

निका संग्राम
(532 ई.)

पूर्वी रोमन साम्राज्य के आरंभिक मध्ययुगीन कांस्टेनटीनोपल में जो भीषण संघर्ष हुआ था, उसे इतिहास में 'निका संग्राम' के नाम से जाना जाता है। यह संघर्ष जनवरी 532 ई. में हुआ था।

कांस्टेनटीनोपल में हिपोड्रोम नामक स्थान पर रथों की दौड़ और अन्य साहसिक कारनामों को देखने के लिए भारी संख्या में भीड़ एकत्रित होती थी। प्रतियोगिता में भाग ले रहे दलों के समर्थकों के बीच अकसर हिंसक झड़पें होती रहती थीं।

दर्शकगण अपनी पसंद के सारथी का हौसला बढ़ाने के लिए 'निका' कहकर चिल्लाते थे जिसका अर्थ 'जीत लो' होता है। निका संग्राम में भीड़ इसी का प्रयोग करती रही थी।

रथ चालकों के रथों की पहचान अलग-अलग रंगों की पोशाक से होती थी और उनके समर्थक भी उन्हीं रंगों की पोशाकें पहनते थे। सम्राट् जस्टीनियन के शासनकाल में हरे और नीले रंग सर्वाधिक लोकप्रिय हो चुके थे।

खेल के मैदान से बाहर जाने के बाद भी समर्थकगण अपने दल के प्रिय रंग को अपने जीवन में भी अपनाना पसंद करते थे। कुछ विद्वानों को पहले ऐसा लगा कि हरे और नीले रंग उस युग के राजनीतिक आंदोलनों के परिचायक थे। मगर इस बात को सिद्ध करने के लिए पर्याप्त तथ्य मौजूद नहीं हैं। यह स्पष्ट हो चुका है कि खेल के मैदान में जो हिंसक झड़पें

होती थीं, बाद में समाज में भी यह हिंसा व्यापक रूप से फैल जाती थी। कई दशकों से परंपरा थी कि सम्राट् नीले या हरे गुट में से किसी एक गुट का समर्थक बन जाता था। ऐसा करने पर भविष्य में सम्राट् के विरुद्ध दोनों गुटों के सम्मिलित विद्रोह की संभावना नहीं रह जाती थी। जस्टीनियन जब सम्राट् बना तो उसने किसी भी गुट का समर्थन करने से इनकार कर दिया।

विद्वानों का मानना है कि सम्राट् बनने के बाद जस्टीनियन सही अर्थों में अपने साम्राज्य को खुशहाल बनाना चाहता था। वह साम्राज्य का विस्तार करना चाहता था और शासन तंत्र की कमजोरियों को दूर करना चाहता था। इसके लिए उसने जब सख्त कदम उठाना शुरू किया तो प्रजा का एक वर्ग उससे नाराज हो उठा।

सम्राट् की नीतियों के विरोध में हिंसा भड़क उठी। सम्राट् ने सख्ती के साथ हिंसा को नियंत्रित किया और हिंसा भड़कानेवालों को पकड़कर मृत्युदंड दिया गया। ऐसे दंडित होनेवाले लोगों में नीले और हरे गुटों के कई नेता भी शामिल थे।

जब इन गुटों के नेताओं को फाँसी पर लटकाया जा रहा था तो उनमें से दो नेता जान बचाकर भागने में कामयाब हो गए। दोनों हरे और नीले गुट से संबंध रखते थे। वे एक मठ में जाकर छिप गए। दोनों के समर्थकों ने रथ दौड़ के समय सम्राट् से दोनों को माफी देने का अनुरोध करने का फैसला किया।

13 जनवरी, 532 को रथ दौड़ शुरू होने से पहले दोनों गुटों के समर्थकों ने अपने-अपने नेता को क्षमादान करने की गुहार सम्राट् से लगाई। सम्राट् इस बात के लिए तैयार नहीं हुआ। समर्थकगण कुद्ध हो उठे और उन्होंने बड़े पैमाने पर दंगा शुरू कर दिया। राजधानी में चारों तरफ आग की लपटें नजर आने लगीं। दंगाइयों ने सुरक्षाकर्मियों को मारना शुरू कर दिया और कारागार का द्वार तोड़कर उन्होंने सारे कैदियों को मुक्त कर दिया।

यह स्पष्ट नहीं है कि संघर्ष छिड़ते समय आभिजात्य वर्ग दंगाइयों का समर्थन कर रहा था या नहीं, मगर जब समूची राजधानी धू-धू कर जलने

लगी तो एक अलोकप्रिय सम्राट् को गद्दी से उतारने के लिए एक साथ कई शक्तियाँ सक्रिय हो उठीं। जस्टीनियन ने इस खतरे को भाँप लिया और अपने सख्त निर्णय लेनेवाले अधिकारियों को उनके पदों से हटाने का वायदा करते हुए अपने विरोधियों को शांत करने का प्रयास किया। लेकिन सम्राट् की बातों पर कोई ध्यान नहीं दिया गया और हिंसा का सिलसिला चलता रहा।

सम्राट् ने सेनापति बेलीसिरियस को आदेश दिया कि वह विद्रोह को कुचल दे, मगर सेना को इस कोशिश में नाकामी का सामना करना पड़ा। 18 जनवरी को सम्राट् ने एक बार फिर विद्रोहियों से समझौता करने की कोशिश की। डिप्पोड्रोम में उपस्थित होकर सम्राट् ने जब अपनी तरफ से सुबह के कई प्रस्ताव रखे तो विद्रोहियों ने उन्हें स्वीकार नहीं किया। विद्रोहियों ने जस्टीडियन को गद्दी छोड़ने और दिवंगत सम्राट् अनास्टीसियज प्रथम के भतीजे हिपाटियस को नया सम्राट् बनाने की माँग की।

विद्रोहियों ने हिपाटियस को सिंहासन पर बिठा दिया। इस घटनाक्रम से दु:खी होकर जस्टीडियन निराश हो गया। वह अपने सहयोगियों के साथ राज्य से भाग जाने की योजना पर विचार करने लगा।

उसी समय जस्टीडियन की पत्नी रानी थियोडरा ने अपने पति के मन में साहस का संचार किया। उसने कहा कि एक सम्राट् का विपरीत परिस्थिति में पलायन करना कायरता कहलाएगी, अत: उन्हें डटकर हालात का मुकाबला करना चाहिए।

जस्टीडियन ने एक बार फिर अपने सेनापति को आदेश दिया कि विद्रोहियों को कुचलने का अभियान शुरू किया जाए।

इस बार शाही सेना ने आसानी के साथ विद्रोहियों को कुचल दिया, चूँकि सारे विद्रोही हिप्पोड्रोम परिसर में ही उपस्थित थे।

कई इतिहासकारों का कहना है कि तकरीबन 35 हजार विद्रोहियों को मार डाला गया। मृतकों में हिपाटियस भी शामिल था।

विद्रोह को कुचलने के बाद जस्टीडियन ने राजधानी का पुनर्निर्माण

करवाया। जिस बेरहमी के साथ विद्रोहियों का सफाया किया गया था। उसे देखते हुए अब कोई सम्राट् के विरुद्ध आवाज उठाने की हिम्मत नहीं कर पा रहा था। सम्राट् ने लोक-कल्याण की अपनी नीतियों को प्रभावशाली तरीके से लागू किया।

❑

हैट्टीन का युद्ध
(1187 ई.)

1170 ई. में सलादीन ने मिस्र से अपने राज्य का विस्तार करना शुरू किया और पवित्र भूमि के इर्द-गिर्द मुसलिम राज्यों को एकत्रित करने का निश्चय किया। इस तरह इतिहास में पहली बार यरूशलम का साम्राज्य शत्रुओं की सेना से घिर गया। 1177 ई. में क्रूसेडर स्टेट पर आक्रमण करने पर सलादीन को मोंटगीसार्ड के युद्ध में बाल्डवीन चतुर्थ ने पराजित कर दिया। युद्ध के बाद दोनों पक्षों के बीच संधि हो गई।

जैसे-जैसे मुसलिम राज्य एकजुट हो रहे थे, 1186 ई. में गे ऑफ लुसीगनान को गद्दी पर बिठाने को लेकर जरूशलम में असंतोष बढ़ता जा रहा था। असम में दिवंगत बालक-राजा बाल्डवीन पंचम की माता सिबिला के साथ ब्याह रचाकर गे ने सिंहासन प्राप्त कर लिया था। रेनाल्ड चेटीलन और दूसरे कई सैन्य क्षत्रपों ने गे को राजा बनाने का समर्थन किया था।

इस घटनाक्रम के चलते गृहयुद्ध की नौबत आ गई थी और बालियन और इबेलियन ने मध्यस्थ बनकर तनाव को दूर करने का प्रयास किया था। मुसलिम व्यापारियों के काफिले पर आक्रमण करते हुए रेनाल्ड लगातार सलादीन के साथ किए गए समझौते का उल्लंघन कर रहा था। इस बात से खफा होकर सलादीन ने अपने दूतों को गे के पास भेजा और समझौते की शर्तों का पालन करने का अनुरोध किया व अब तक की गई लूटपाट के बदले क्षतिपूर्ति देने के लिए कहा। गे को दूतों की बात सही लगी, मगर रेनाल्ड ने दूतों को फटकारकर भगा दिया।

सलादीन का पुत्र अल-अफदल 7,000 सैनिकों को लेकर गंवीवी

पहुँचा, जहाँ 1 मई को उसने क्रूसेडर सेना की एक टुकड़ी को पराजित कर दिया। गे ने अपने सहयोगियों से एकजुट होने का आह्वान किया ताकि सलादीन के हमले का मुकाबला किया जा सके। लगभग 20,000 सैनिकों को लेकर सलादीन का मुकाबला करने की तैयारी की गई।

इससे पहले क्रूसेडर की सेना हमलावरों को युद्ध में मात दे चुकी थी। युद्ध की तैयारी करते वक्त क्रूसेडर की सेना पहले से जल के स्रोतों का प्रबंध करती थी और दुश्मन को भीषण गर्मी में पानी के बगैर परेशान होकर भागने-भागने के लिए मजबूर करती रही थी।

पिछले अनुभवों से सबक लेते हुए सलादीन ने गे की सेना को सेफोरिया से निकालकर दूर ले जाने का फैसला किया ताकि खुले मैदान में गे की सेना को पराजित किया जा सके।

इसी बात को ध्यान में रखते हुए सलादीन ने 2 जुलाई को सेना की एक टुकड़ी अपने साथ लेकर तिबरिस में स्थित रेमंड के किले पर हमला कर दिया, जबकि उसकी समूची सेना कफ्र सब्त नामक स्थान पर तैनात रही। उसी रात क्रूसेडर नेताओं की बैठक हुई जिसमें युद्ध की रणनीति का निर्धारण किया गया।

बैठक में रेमंड ने तर्क दिया कि भले ही उसके किले पर शत्रु का अधिकार हो जाए, मगर क्रूसेडर की सेना को सेफोरिया की मोरचाबंदी नहीं छोड़नी चाहिए। मगर सर्वसम्मति से आगे बढ़कर दुश्मन की सेना पर हमला करने का निश्चय किया गया।

अगली सुबह जब क्रूसेडर की सेना रवाना हुई तो सलादीन के सैनिकों ने दूर से ही उसके ऊपर हमला करना शुरू कर दिया। क्रूसेडर की सेना दोपहर के वक्त तुरन नामक स्थान पर पहुँची जहाँ जल का एक स्रोत था। वहाँ पहुँचकर सैनिकों ने अपनी प्यास बुलाई।

तिबरिस तक पहुँचने के लिए और नौ मील का सफर तय करना था, जबकि रास्ते में पानी का कोई स्रोत उपलब्ध नहीं था, इसके बावजूद गे ने सेना को आगे बढ़ते रहने का आदेश दिया। इस दौरान सलादीन की सेना

लगातार तीर बरसाकर गे की सेना को परेशान करती रही थी। अपराह्न के समय गे की सेना हैट्टीन नामक एक समतल इलाके में पहुँच गई।

इसी समय सलादीन अपनी समूची सेना के साथ आक्रमण करने के लिए आगे बढ़ा। उसने अपने सैनिकों से कहा कि वे चारों तरफ से गे की सेना को घेर लें और पूरी ताकत लगाकर उन्हें कुचल डालें।

सलादीन की सेना ने गे के प्यासे और थके सैनिकों को घेर लिया और उनके भागने के लिए कोई रास्ता खुला नहीं छोड़ा। गे के सैनिक अब तुरन के सोते तक जाकर अपनी प्यास बुझा पाने की स्थिति में नहीं रह गए थे।

अब गे की सेना के सामने लड़ने के सिवा कोई विकल्प नहीं बचा था। रात होते ही युद्ध रुक गया था। गे ने पहले तिबरिस पहुँचने की योजना बनाई थी, मगर अब मजबूर होकर उसे अपनी सेना के साथ उसी स्थान पर रुकना पड़ रहा था। उस स्थान पर एक सूखा कुआँ था और प्यास की वजह से सैनिक बेहाल होते जा रहे थे।

अगली सुबह जब गे की सेना की नींद टूटी तो चारों तरफ धुआँ दिखाई दे रहा था। सलादीन ने गे के सैनिकों पर दबाव बनाने के लिए चारों तरफ आग लगा दी थी।

गे ने अपने सैनिकों को आदेश दिया कि सलादीन की घेराबंदी को तोड़ने की कोशिश करते हुए आगे बढ़े। बुरी तरह प्यासे थके हुए सैनिक उत्साह के साथ हमला करने की स्थिति में नहीं रह गए थे।

गे की सेना पर सलादीन की सेना हावी होती जा रही थी। रेमंड एक सैनिक टुकड़ी के साथ शत्रु की सेना की घेराबंदी तोड़कर आगे निकलने में कामयाब हो गया, मगर उसे फिर सलादीन की सेना ने घेर लिया।

इस तरह भारी तादाद में गे के सैनिक इस युद्ध में मारे गए। पैदल सैनिकों के मारे जाने के बाद घोड़ों पर सवार सैन्य अधिकारियों को जमीन पर उतरकर मुकाबला करने के लिए मजबूर कर दिया गया।

बुरी तरह परास्त हो जाने के बाद गे की सेना ने सलादीन के सामने आत्मसमर्पण कर दिया।

युद्ध में कुल कितने लोग मारे गए, इसका कोई आँकड़ा उपलब्ध नहीं है। इतना तो निश्चित है कि इस युद्ध में क्रूसेडर की सेना बुरी तरह टूट गई। गे और रेनाल्ड को बंदी बना लिया गया। सलादीन ने जहाँ गे के साथ बेहतर बर्ताव किया, वहीं रेनाल्ड को सूली पर लटका दिया। ❑

ब्रिटेन का युद्ध
(1940 ई.)

ब्रिटेन का युद्ध अगस्त और सितंबर 1940 में हुआ था। फ्रांस के हार जाने के बाद ब्रिटेन उस समय अकेला पड़ गया था। द्वितीय विश्वयुद्ध के इतिहास में ब्रिटेन का युद्ध एक अत्यंत महत्त्वपूर्ण युद्ध माना जाता है।

जर्मनी का शासक हिटलर ब्रिटेन पर हमला करने के लिए इंगलिश चैनल पर कब्जा करना चाहता था। ऐसा करने पर ब्रिटेन की नौसेना को नियंत्रित किया जा सकता था। इंगलिश चैनल पर कब्जा करने के लिए जर्मनी की सेना ने ब्रिटेन के वायु क्षेत्र पर वर्चस्व कायम करने की रणनीति बनाई।

ब्रिटेन की रॉयल एयरफोर्स के पास मुख्य रूप से स्पीटफायर और हरीकेन नामक लड़ाकू विमान थे। वहीं जर्मनी के पास मेसचरस्मीट लड़ाकू विमान और स्ट्कास बमवर्षक विमान थे।

युद्ध की शुरुआत के समय जर्मनी के पास कुल चार हजार विमान थे, जबकि ब्रिटेन के पास 1600 विमान थे। जिस समय फ्रांस पराजित हुआ उस समय जर्मनी की वायुसेना 'लुफ्तवाफ' ने पूर्वी-पश्चिमी यूरोप में 3,000 विमानों को तैनात कर रखा था। इनमें 1400 बमवर्षक, 300 डाइव बोंबर, 800 सिंगल इंजन फाइटर और 240 ट्विनइंजन बमवर्षक विमान शामिल थे।

ब्रिटेन की वायुसेना तेजी के साथ लड़ाकू विमानों का निर्माण कर सकती

थी। उसकी एक ही कमजोरी थी कि उसके पास पर्याप्त संख्या में पायलट उपलब्ध नहीं थे। फ्रांस में युद्ध के दौरान भारी तादाद में प्रशिक्षित पायलट मारे जा चुके थे और उनके स्थान पर नई नियुक्तियाँ नहीं हो पाई थीं।

आकाश की जंग के मामले में ब्रिटेन किसी भी मामले में जर्मनी से नीचे नहीं था। ब्रिटेन के पास जो रडार प्रणाली थी, उससे जर्मन विमानों के बारे में अग्रिम सूचनाएँ मिल जाती थीं। दक्षिणी ब्रिटेन के समुद्रतटीय इलाकों में 1940 के वसंत के समय तक इक्यावन रडार केंद्रों की स्थापना की गई थी। दूरबीन की सहायता से शत्रु के विमानों पर नजर रखने के लिए 1,000 निगरानी चौकियाँ बनाई गई थीं।

युद्ध के दौरान जर्मनी के लड़ाकू विमान ब्रिटेन के आसमान में अधिक समय तक ठहर नहीं सकते थे, चूँकि वैसी स्थिति में ईंधन की किल्लत की वजह से वे दुर्घटनाग्रस्त हो सकते थे। दूसरी तरफ ब्रिटेन के विमानों के सामने ऐसी कोई समस्या नहीं थी। वे देर तक उड़ सकते थे और आसानी से ईंधन भरने के लिए नीचे उतर सकते थे।

जर्मनी के लड़ाकू विमानों को काफी लंबी उड़ान के जरिए बमवर्षक विमानों को कवर करना पड़ता था और कई बार उनके लिए सुरक्षा दे पाना नामुमकिन हो जाता था। आसमान में उड़ते समय जर्मन के लड़ाकू विमान गोला-बारूद को नए सिरे से भर पाने में असमर्थ थे, जबकि ब्रिटेन के विमान ऐसा कर पाने में सक्षम थे।

युद्ध की शुरुआत 10 जुलाई, 1940 को हुई, जब जर्मनी की वायुसेना ने डोवर इलाके पर हमला बोल दिया। जर्मनी की वायुसेना ब्रिटेन की वायुसेना की कमर तोड़ देना चाहती थी। जुलाई महीने के अंत तक ब्रिटेन की वायुसेना के 150 विमान नष्ट किए जा चुके थे, वहीं जर्मनी को 268 विमानों से हाथ धोना पड़ा था।

अगस्त महीने में जर्मनी ने फाइटर कमांड एयरफील्ड, ऑपरेशन कक्षों और रडार स्टेशनों पर हमला करना शुरू कर दिया। जर्मनी ने सोचा था कि वायुसेना के बुनियादी ढाँचे को अगर जमीन पर नष्ट कर दिया जाएगा

तो फिर आकाश में लड़ने की जरूरत खत्म हो जाएगी।

प्रतिकूल मौसम होने के कारण जर्मनी की सेना को हमला जारी रखने में रुकावटों का सामना करना पड़ा। वहीं 15 अगस्त तक ब्रिटेन ने जर्मनी के अधिकतर स्तुका बमवर्षकों को मार गिराया। इस तरह जर्मनी के लिए रडार स्टेशनों पर बम बरसाना मुमकिन नहीं रह गया।

23 अगस्त से लेकर 6 सितंबर तक जर्मनी की वायुसेना ने ब्रिटेन के प्रमुख शहरों पर रात के वक्त बमबारी का सिलसिला जारी रखा। दक्षिण-पूर्व इंग्लैंड में स्थित वायुसेना के सात प्रमुख फाइटर बेसों में से छह बेसों को नष्ट कर दिया गया। इतना कुछ होने पर भी ब्रिटेन की तुलना में जर्मनी के लड़ाकू विमान अधिक तादाद में नष्ट होते जा रहे थे। जर्मनी के 1000 विमान नष्ट हुए, वहीं ब्रिटेन के 550 विमान नष्ट हुए।

इसी दौरान जर्मनी वायुसेना के प्रमुख हर्मन गोरिंग के एक फैसले से ब्रिटेन को काफी राहत मिली। गोरिंग का मानना था कि रडार केंद्रों पर हमले करने का कोई औचित्य नहीं था और उसने ऐसे हमलों को बंद करने का आदेश दिया था। इस तरह वेंटनोर में स्थित रडार स्टेशन सुरक्षित बचा रहा और युद्ध के दौरान ब्रिटेन के लिए उपयोगी सूचनाएँ जुटाता रहा।

जिस समय जर्मनी की तरफ से ब्रिटेन के शहरों पर बमबारी हो रही थी, उस समय ब्रिटेन के फाइटर कमांड ने अपने आपको नए सिरे से संगठित कर लिया और पायलटों ने भी नए सिरे से रणनीति बनाई।

15 सितंबर को निर्णायक जंग हुई जिसमें जर्मनी के 60 और ब्रिटेन के 28 विमान नष्ट हो गए।

17 सितंबर को हिटलर ने ब्रिटेन पर आक्रमण को अनिश्चितकाल के लिए टाल दिया, मगर रात के वक्त ब्रिटेन के शहरों पर बमबारी का सिलसिला जारी रखा। लंदन, प्लाईमेथ और कोवेंटरी को इस तरह काफी नुकसान हुआ।

हाल के शोधों में बताया गया है कि हिटलर का ध्यान ब्रिटेन पर आक्रमण करने की तरफ नहीं था, बल्कि वह पूरी ताकत लगाकर रूस पर

हमला करना चाहता था। युद्ध समाप्त होने पर स्पष्ट हुआ था कि ब्रिटेन की वायुसेना ने 1100 जर्मन विमानों को नष्ट किया था, वहीं उसे 650 विमानों से हाथ धोना पड़ा था।

❑

रोम का युद्ध
(390 ई.पू.)

आरंभ रोम गणतंत्र के उपलब्ध इतिहास में रोम के युद्ध का विवरण मिलता है। ब्रेनस के नेतृत्व में गौल लोगों की सेना ने आक्रमण करते हुए नगर के अधिकतर हिस्से को तहस-नहस कर दिया था। इससे पहले आलिया नामक स्थान पर हुए संघर्ष में गौल सेना ने आसानी से जीत हासिल कर ली थी।

जिस तीव्रता के साथ गौल हमलावरों ने रोम नगर पर हमला किया, उसे देखते हुए नगरवासियों के होश उड़ गए थे। नगरवासियों ने आत्मरक्षा के लिए किसी तरह एक छोटी सेना तैयार की, जिसे आलिया नामक स्थान पर पराजित कर दिया गया। युद्ध में बचे लोग जान बचाकर वेई चले गए, जहाँ रोम की तुलना में सुरक्षा का उत्तम प्रबंध किया गया था।

बाकी नागरिक रोम में वापस भागकर आ गए थे और उन्होंने चर्च परिसर में शरण ली थी। समूचे नगर में चर्च परिसर ही सर्वाधिक सुरक्षित स्थान माना जाता था।

इतिहासकार लिवी के अनुसार गौल सेना सूर्यास्त के समय रोम के बाहरी हिस्से में पहुँच गई थी, मगर उसने रात के अँधेरे में एक अनजान नगर में नहीं घुसने का निर्णय लिया था। इस तरह रोम के लोगों को बचाव करने का अवसर मिल गया था। नगर के काफी लोग रिवर को पार कर जेनीकुलूम पहाड़ी तक पहुँच गए थे और छिपने में कामयाब हो गए थे।

सैन्य प्रशिक्षण ले चुके युवागण अपने-अपने परिजनों के साथ चर्च

परिसर में पहुँच गए थे। नगर की आधी-अधूरी दीवारों को असुरक्षित समझकर वे लोग बचाव की दृष्टि से चर्च परिसर को सर्वाधिक सुरक्षित मान रहे थे।

अगली सुबह गौल सेना ने जब नगर में प्रवेश किया तो उसे रास्ते में किसी तरह की रुकावट का सामना नहीं करना पड़ा। नगर को खाली पाकर गौल सैनिक लूटपाट मचाने में जुट गए। इसके बाद हमलावरों ने चर्च परिसर में घुसने का प्रयास किया, मगर नाकाम रहे। तब उन्होंने चर्च का घेराव शुरू कर दिया।

गौल सेना रोम को आधार बनाकर लेतियम पर आक्रमण करने की तैयारी कर रही थी। वहीं अपने चर्च का घेराव भी कर रखा था। इसी दौरान रोम के नागरिकों ने वेई के लोगों के साथ संपर्क स्थापित किया और इस तरह गौल सेना हमला रोकने के लिए तैयार हो गई, मगर उसने घेराव को जारी रखा।

समय गुजरने के साथ ही चर्च के अंदर छिपे लोगों को अनाज की किल्लत होने लगी और विवश होकर उन्हें गौल सेना की शर्तों को मानने के लिए तैयार होना पड़ा। भारी मात्रा में स्वर्ण मुद्राएँ लेने के बाद गौल सेना रोम से बाहर निकल गई।

रोम पर चढ़ाई और चर्च की घेराबंदी को लेकर कई तरह की दंतकथा प्रचलित रही हैं।

इतिहासकार लिवी ने उल्लेख किया है कि जिस समय युवकों ने चर्च में शरण ली थी, उस समय बुजुर्गों ने अपने-अपने घरों के अंदर ही रहने का फैसला किया था। वे युवाओं के लिए किसी तरह का बोझ नहीं बनना चाहते थे। बाद में गौल सैनिकों ने ऐसे तमाम बुजुर्गों की हत्या कर दी थी।

एक और दंतकथा के जरिए जूनो के मंदिर के पवित्र चमगादड़ों का उल्लेख किया गया है।

जब घेराव कई दिनों तक जारी रहा तो चर्च के अंदर मौजूद रोमवासियों ने फ्यूरियस फेमिलस को अपना नेता चुनने का फैसला किया। इस निर्णय का

संदेश लेकर एक दूत को गुप्त रूप से नगर के बाहर भेजा गया। गौल सैनिकों ने उस दूत को गुप्त मार्ग से होकर जाते हुए देख लिया।

अगली रात गौल सैनिक चर्च के अंदर प्रवेश करने के लिए उसी मार्ग से चढ़कर कार्मेंटिस के मंदिर तक पहुँच गए। निगरानी के लिए तैनात प्रहरियों और कुत्तों को उनके आगमन का पता नहीं लगा, लेकिन मंदिर के चमगादड़ों ने शोर मचाकर प्रहरियों को सावधान कर दिया। प्रहरियों ने उन गौल सैनिकों का काम तमाम कर दिया।

एक अन्य दंतकथा में बताया गया है कि फ्यूरियस केमीलस जब निर्वासित हो गया तो उसने एक सेना का गठन किया। जिस दिन रोमवासी गौल लोगों को सोना देनेवाले थे, उसी दिन वह सेना के साथ पहुँच गया था। गौल सेना को उसने रौंद डाला था।

यह लड़ाई रोम नगर में पहली बार हुई और दूसरी बार गाबी के मार्ग पर हुई।

रोम पर हुई चढ़ाई से वैसी भयंकर तबाही नहीं हुई थी, जैसी तबाही का वर्णन लोक मान्यताओं में किया जाता रहा है। ऐसा कोई प्रमाण नहीं मिला है जिससे पता चले कि नगर को जलाकर खाक कर दिया गया था। ऐसा लगता है कि इस हमले की पीड़ा से रोम जल्दी उबर गया था।

❑

टेट संग्राम
(1968 ई.)

31 जनवरी, 1968 को दक्षिणी वियतनाम के 100 से अधिक शहरों और कस्बों में उत्तरी वियतनाम और वितकांग के लगभग 70 हजार छापामार योद्धाओं ने टेट संग्राम की शुरुआत की। (वियतनाम में उस दिन नववर्ष का पहला दिन था, जिसे टेट कहते हैं और इसी दिवस के नाम पर संग्राम को 'टेट संग्राम' कहकर पुकारा गया।)

कम्युनिस्ट पीपुल्स आर्मी ऑफ वियतनाम (पीएवीएन) के जनरल वो गुएन गियाय ने इस लड़ाई की योजना बनाई थी। वह जहाँ दक्षिणी वियतनाम के विद्रोहियों को उत्साहित करना चाहता था वहीं साइगोर सरकार की मदद में जुटे अमरीका के हौसले को पस्त कर देना चाहता था।

सुनियोजित लड़ाई शुरू करने से पहले छापामार योद्धाओं ने मध्य वियतनाम और लाओ तथा कंबोडिया सीमांत क्षेत्रों में 1967 की सर्दियों में अमरीकी सेना की छावनियों पर हमले किए थे।

21 जनवरी, 1968 को पीएवीएन योद्धाओं ने खे सान्ह स्थान पर स्थित अमरीकी नौसैनिक अड्डे पर बड़े पैमाने पर बम बरसाकर हमले किए। यह अड्डा दक्षिणी वियतनाम से लाओ की तरफ जानेवाले मार्ग पर स्थित था।

अमरीकी राष्ट्रपति लिंडन जॉनसन और अमरीकी जनरल विलियम वेस्टमोटलैंड खे सान्ह के नौसैनिक अड्डे की सुरक्षा पर ध्यान केंद्रित कर रहे थे। उसी समय गियाय के 70 हजार योद्धाओं ने असली लड़ाई यानी 'टेट लड़ाई' शुरू कर दी।

30 जनवरी, 1968 की सुबह वितकांग के योद्धाओं ने मध्य दक्षिणी वियतनाम के 13 शहरों पर आक्रमण कर दिया। उस दिन सारे लोग नववर्ष का उत्सव मना रहे थे और उन्होंने इस तरह के हमले की कल्पना भी नहीं की थी।

चौबीस घंटे के बाद पीएवीएन और वितकांग छापामारों ने समूचे दक्षिणी वियतनाम के अनेक स्थानों पर हमले किए, जिनमें गाँव, शहर, सरकारी भवन, सरकारी व अमरीकी सैन्य अड्डे शामिल थे। उन्होंने एक साथ सौ से अधिक हमले किए थे।

साइगून में स्थित अमरीकी दूतावास पर धावा बोलते हुए वितकांग का एक दस्ता दूतावास के अंदर पहुँच गया था। बाद में अमरीकी सेना ने दस्ते के सदस्यों को मार गिराया।

जिस तीव्रता के साथ इतने बड़े पैमाने पर हमले किए गए, उसे देखते हुए अमरीका बुरी तर स्तब्ध रह गया। पूरी दुनिया ने टीवी पर तबाही के मंजर को देखा था और अमरीका में ऐसे दृश्यों को देखने के बाद जनता की युद्ध-विरोधी मानसिकता को बल मिला था।

जियाय के छापामारों ने दुश्मनों को परेशान करने में सफलता हासिल कर ली थी, मगर जल्दी ही अमरीकी और सरकारी सेना ने सफलतापूर्वक ज्यादातर हमलों का सामना किया था और बड़ी तादाद में छापामारों को मार डाला था।

ह्यू शहर में सबसे अधिक सघन युद्ध हुआ था। छापामारों ने शहर में घुसकर आसानी से सेना को पराजित कर दिया और शहर का नियंत्रण अपने हाथ में ले लिया।

छापामारों ने घर-घर जाकर तलाशी ली और अमरीकी सेना पर सरकारी सेना से जुड़े अधिकारियों, धर्मगुरुओं आदि को गिरफ्तार कर लिया। उन्होंने ऐसे लोगों को प्राणदंड दिया और उनके शवों को दफना दिया।

26 जनवरी को सरकारी सेना और अमरीकी सेना ने नए सिरे से ह्यू शहर पर अधिकार किया। उस समय जमीन के नीचे से 2800 शव बरामद

किए गए, वहीं 3,000 लोग लापता बताए गए।

सबसे अधिक भीषण लड़ाई ह्यू नगर के दुर्ग में हुई। कई टीवी चैनलों पर इस संघर्ष के दृश्यों को दिखाया गया। इस युद्ध में 150 अमरीकी सैनिक और 400 सरकारी सैनिक मारे गए। दूसरी तरफ 5,000 छापामारों को इस युद्ध में मार डाला गया।

भारी तादाद में योद्धाओं के मारे जाने और दक्षिण वियतनाम में विद्रोह की आग सुलगा पाने में नाकाम होने के बावजूद टेट संग्राम ने छापामारों को जबरदस्त रणनीतिक सफलता दिलाई।

इस लड़ाई से पहले वेस्ट मोरलैंड एवं अमरीका के दूसरे सैन्य अधिकारी कहते रहे थे कि युद्ध खत्म होने ही वाला था। अब स्पष्ट हो गया था कि युद्ध इतनी जल्दी खत्म होनेवाला नहीं था।

अमरीका में युद्ध-विरोधी लहर पैदा हो गई। जॉनसन प्रशासन के वैसे सलाहकारों ने भी अमरीकी सेना को वापस बुलाने की सलाह दी, जो पहले युद्ध जारी रखने पर जोर देते रहे थे। 31 मार्च को राष्ट्रपति जॉनसन ने युद्ध समाप्त करने के लिए वार्त्ता की पेशकश करने का ऐलान कर दिया।

❑

कलिंग युद्ध
(261 ई.पू.)

उड़ीसा प्रांत में स्थित कलिंग राज्य अपनी शक्ति के लिए विख्यात था। कलिंग का शासक नृपति बड़ा शूरवीर एवं स्वाधीनता-प्रेमी था। उसी के समान उसकी प्रजा भी अपने राष्ट्र से प्रेम करती थी। कलिंग समुद्री व्यापार का केंद्र था।

नृपति का पुत्र एवं पुत्री दोनों साहसी एवं योद्धा थे। कलिंग को अपने राजपरिवार पर पूर्ण भरोसा था। कलिंग राज्य के वैभव की चर्चा आस-पास के राज्यों में हो रही थी।

उन्हीं दिनों मौर्य साम्राज्य भी एक शक्ति का केंद्र था जिसका राजा अशोक था। उसे महान् अशोक की गरिमा से विभूषित किया गया। सम्राट् अशोक के शासनकाल की सबसे बड़ी उपलब्धि कलिंग विजय थी।

इस विजय का मुख्य कारण अशोक की साम्राज्यवादी नीति थी। अशोक मौर्य साम्राज्य के लिए कलिंग को खतरा मानता था। अशोक बड़ा ही युद्धप्रिय था। वह शासन करने के लिए अपने साम्राज्य का विस्तार करना चाहता था।

यही कारण था कि वह प्रारंभिक दिनों में शांति से नहीं बैठ पाया। अशोक ने राज्य सिंहासन पर बैठते ही तक्षशिला पर आक्रमण करके विद्रोह की अग्नि को सदा के लिए समाप्त कर दिया। वह विद्रोहियों को दबाने में बड़ी निर्दयता का सहारा लेता था।

राजसिंहासन पर बैठने के आठ वर्ष बाद अशोक की तीव्र दृष्टि कलिंग

पर पड़ी। उसने कलिंग नरेश के पास संदेश भेजा या तो वह उसकी दासता को स्वीकार करे या फिर युद्ध करे।

कलिंग नरेश ने अशोक के दासता प्रस्ताव को ठुकरा दिया। परिणामत: अशोक ने अपनी विशाल सेना के साथ 261 ई.पू. में कलिंग पर आक्रमण कर दिया। दोनों सेनाओं ने मध्य भयंकर युद्ध हुआ, युद्ध महीनों चला।

कलिंगवासियों ने अपनी स्वतंत्रता की रक्षा के लिए अपने प्राणों की बाजी लगा दी।

इस युद्ध का वर्णन अशोक के तेरहवें शिलालेख से प्राप्त होता है। उसने लिखा है, ''राज्याभिषेक के नवें वर्ष बाद महामना राजाधिराज ने कलिंग पर विजय प्राप्त की। डेढ़ लाख व्यक्तियों को बंदी बना लिया गया तथा लगभग एक लाख व्यक्ति मृत्यु को प्राप्त हुए, अनेक घर नष्ट हुए, अंत में अशोक की विजय हुई तथा एक राजकुमार को इस प्रदेश का शासक नियुक्त करके अशोक स्वयं वापस पाटलिपुत्र लौट गया।''

कलिंग युद्ध में हुए भीषण नरसंहार से अशोक का हृदय द्रवीभूत हो गया। युद्ध में इतने व्यक्ति मारे गए कि धरती रक्त से लाल हो गई, गाँव उजड़ गए, नगर नष्ट हो गए, खेत-खलिहान वीरान हो गए। चारों ओर श्मशान का सा दृश्य दिखाई दे रहा था।

माताओं के पुत्र और बहनों के भाई इस युद्ध ने छीन लिये। घर-घर से रोदन और करुण चीत्कार उठ रहा था।

अशोक ने युद्ध के विनाशकारी दृश्य को अपनी आँखों से देखा। जब उसके कानों में विधवा स्त्रियों के करुण रोदन के स्वर पड़े, उसका हृदय काँप उठा।

उसने म्यान से अपनी तलवार निकालकर तोड़ डाली और जीवन में फिर कभी युद्ध न करने की प्रतिज्ञा कर डाली। वह सम्राट् से बौद्ध संन्यासी बन गया। उसने अहिंसा का व्रत धारण किया।

अशोक ने तेरहवें शिलालेख में लिखा है—

''यदि इतनी हत्याओं, मृत्यु व जीवित पकड़ने के दुख का सौवाँ या

हजारवाँ भाग भी कभी भविष्य में लोगों को होगा तो वह सम्राट् के लिए महान् शोक का कारण होगा।''

इस प्रकार हम देखते हैं कि अशोक के जीवन में महान् परिवर्तन हुआ तथा भविष्य में वह अहिंसा का पुजारी बन गया और धर्म प्रचारक के रूप में अपना जीवन व्यतीत किया।

कुछ विद्वानों ने कलिंग युद्ध के बाद अशोक के हृदय-परिवर्तन और उसके द्वारा बौद्ध धर्म स्वीकार करने को अचानक या रातोरात हुआ परिवर्तन बताया, जबकि अन्य विद्वान इसे उसके सतत चिंतन की प्रेरणा का परिणाम मानते हैं, जिसमें भिक्षु उपगुप्त का प्रभाव भी महत्त्वपूर्ण रहा।

डॉ. राय चौधरी ने इस विषय पर अपने विचार व्यक्त करते हुए लिखा है—''मगध के इतिहास में कलिंग विजय एक महान् घटना है। इसके साथ ही प्रादेशिक विजय व बलपूर्वक राज्य विस्तार का युग जो बिंबिसार द्वारा अंग पर अधिकार करने से शुरू हुआ था, समाप्त हो जाता है। उसके स्थान पर एक ऐसे युग का सूत्रपात होता है जिसमें शांति, सामाजिक उन्नति, धर्म का व्यापक रूप से प्रचार होता है, किंतु उसके साथ ही राजनीतिक अचेतन व सैनिक दुर्बलता भी आ जाती है, जिसका परिणाम यह होता है कि मगध साम्राज्य की सैनिक वृत्ति प्रयोग के अभाव में धीरे-धीरे नष्ट हो जाती है। इस प्रकार सैनिक विजय का युग समाप्त होता है और हम आध्यात्मिक विजय के युग में प्रवेश करते हैं।''

❑

एड्रियनोपल का युद्ध

(378 ई.)

9 अगस्त, 378 को हुए एड्रियनोपल युद्ध को रोमन साम्राज्य के पतन का आरंभ माना जाता है। जिस समय रोमन साम्राज्य कमजोर होता जा रहा था, उसी समय बार्बेरियन लोगों का उत्थान हो रहा था। इसके बावजूद रोमन साम्राज्य के पास अभी भी विशाल सेना मौजदू थी।

उस समय पश्चिम के साम्राज्य का सम्राट् ग्रेटियन था और पूरब के साम्राज्य का सम्राट् ग्रेटियन का चाचा वालेंस था।

अपनी पूरी ताकत लगाकर हूण लोग पश्चिम की दिशा में अग्रसर होते जा रहे थे और ओस्ट्रोगोथ व विसीगोथ लोगों को उजाड़ रहे थे। 370 ई. में वालेंस ने विसीगोथ लोगों को डेन्यूब नदी पार कर अपने साम्राज्य में बसने की इजाजत दे दी थी। जब राज अधिकारियों ने विसीगोथ लोगों का उत्पीड़न करना शुरू कर दिया तो स्वाभाविक रूप से वे बगावत पर उतारू हो गए।

विसीगोथ लोगों के साथ ओस्ट्रोगोथ लोग भी आकर मिल गए और रोमन साम्राज्य के शासन की धज्जियाँ उड़ाने में जुट गए। उस समय पर्सिया के साथ युद्ध में व्यस्त वालेंस को जल्दबाजी में वापस लौटकर आना पड़ा।

गोथिक शक्तियाँ इस कदर विशाल थीं कि उनके साथ मुकाबला करने के लिए वालेंस ने ग्रेटियन को मदद के लिए बुलाया। ग्रेटियन को अपनी सेना के साथ पहुँचने में देर हो रही थी। उस समय ग्रेटियन एलेमनी लोगों के साथ संघर्ष करने में जुटा हुआ था। वहीं पूर्वी साम्राज्य के नागरिकों का मानना था कि ग्रेटियन जानबूझकर मदद करने के लिए नहीं पहुँचा था।

वालेंस ने ग्रेटियन के आगमन की राह देखना छोड़कर अपने बलबूते ही गोथिक शक्तियों से टकराने का फैसला किया। असल में संकट इस कदर गहरा गया था कि वह हाथ धरकर बैठा नहीं रह सकता था। एक वजह यह भी बताई जाती है कि बार्बेरियन तत्त्वों को शिकस्त देने का श्रेय वह किसी और को देना नहीं चाहता था।

40 हजार सैनिकों के साथ वालेंस अपनी जीत को लेकर पूरी तरह आश्वस्त था वहीं संयुक्त गोथिक सेना की तादाद काफी बड़ी थी।

वालेंस अपनी सेना का नेतृत्व करते हुए आगे बढ़ा और मुख्य गोथिक सैन्य छावनी के सामने पहुँच गया।

अनुशासित रोमन सेना हथियारों से लैस होकर हमला करने के लिए तैयार थी। लेकिन उस समय गोथिक लोगों का प्रमुख अश्वारोही सैन्यबल वहाँ मौजूद नहीं था। उस बल को कुछ दूरी पर छिपाकर रखा गया था और घोड़ों को घास चरने के लिए मैदान में छोड़ दिया गया था।

वालेंस ने यही सोचा कि गोथिक अश्वारोही दल किसी दूसरे अभियान पर गया हुआ था। उसका ऐसा सोचना बाद में उसका भ्रम साबित हुआ।

वालेंस ने गोथिक पैदल सेना पर आक्रमण कर दिया। उसका मानना था कि गोथिक पैदल सेना को उस समय कुचलना आसान हो सकता था, चूँकि उस समय गोथिक अश्वारोही सेना ही वहाँ मौजूद नहीं थी। उसने गलत धारणा बनाई थी।

जैसे ही गोथिक अश्वारोही सैनिकों को हमले की सूचना मिली, हथियारों से लैस होकर वे युद्धभूमि में पहुँच गए।

जैसे ही गोथिक अश्वारोही सैनिक युद्ध के मैदान में पहुँचे, सारा मंजर ही बदल गया। रोमन सेना के अश्वारोही गोथिक अश्वारोहियों का मुकाबला कर पाने में असमर्थ सिद्ध हो रहे थे। कुछ देर बाद रोमन सेना के तमाम घोड़े मारे गए।

गोथिक अश्वारोहियों ने रोमन सेना का सफाया करना शुरू कर दिया था। अब सम्राट् वालेंस को अपनी गलती का अहसास होने लगा था। उसने

शत्रु की ताकत का गलत अंदाजा लगाया था। भले ही उसके पास विशाल सेना थी, मगर गोथिक सेना हर मामले में रोमन सेना से बेहतरीन साबित हो रही थी।

ऐसा पहली बार हुआ था कि किसी अश्वारोही सेना के सामने रोमन पैदल सेना की दशा इस कदर दयनीय हो गई थी।

युद्ध में सम्राट् वालेंस मारा गया। रोमन सैनिकों का सफाया कर दिया गया। एक अनुमान के मुताबिक युद्ध के मैदान में कम से कम 40 हजार रोमन सैनिक मारे गए थे।

एड्रियनोपल के इस युद्ध को सैन्य इतिहास में पैदल सेना के वर्चस्व के पराभव और अश्वारोही सेना के उत्थान के प्रतीक के तौर पर याद किया जाता है। इस युद्ध में साबित हो गया कि लड़ाई के मैदान में घुड़सवार लड़ाके पैदल सैनिकों का आसानी से सफाया कर सकते हैं।

कुछ इतिहासकारों ने एड्रियनोपल के युद्ध में रोमन साम्राज्य की शिकस्त की व्याख्या करते हुए लिखा है कि उस समय तक रोमन सेना पहले की तरह शक्तिशाली नहीं रह गई थी। उसमें पहले की तरह अनुशासन और आत्मविश्वास नहीं रह गया था। सम्राट् वालेंस एक कुशल सेनानायक सिद्ध नहीं हुआ था और वह सटीक रणनीति बनाने में असफल सिद्ध हुआ था।

❑

यरूशलम के लिए युद्ध
(1096 ई.)

धर्म एक ऐसा पवित्र भाव है, जिसके लिए युद्ध नहीं होना चाहिए, परंतु ईसाइयों, मुसलमानों और यहूदियों में धर्म के नाम पर युद्ध हुआ। हमारे देश में भी युद्ध हुआ परंतु वह धर्म की रक्षा के लिए हुआ। भगवान् श्रीकृष्ण ने स्वयं गीता में कहा है—''जब धर्म का ह्रास और पाप का अभ्युदय होता है तो मैं स्वयं धर्म की रक्षा के लिए मनुष्य के रूप में जन्म ग्रहण करता हूँ।''

मध्यकालीन युग की समाप्ति तक चर्च की शक्ति क्षीण हो चुकी थी, परंतु जनता पर उसका काफी प्रभाव था। चर्च ने अपने पतन के काल में भी ईसाइयों को इस बात के लिए उकसाया कि वे मुसलमानों से युद्ध करें।

प्लेट वे जीन ड्रमंड ने लिखा है—''धर्मयुद्ध दो धार्मिक शक्तियों ईसाइयत और मुहम्मदी पंथ में संघर्ष था।'' जाजफ ने लिखा—''मध्यकालीन युग में ईसाइयों और मुसलमानों के बीच धर्म के प्रश्न पर जो युद्ध लड़े गए, वे इतिहास में धर्मयुद्ध का क्रूसेड के नाम से प्रसिद्ध हुए, ये युद्ध ग्यारहवीं शताब्दी के अंतिम वर्षों में लड़े गए थे।''

1076 ई. में सैंजुक तुर्कों ने ईसाइयों के पवित्र धार्मिक तीर्थ यरूशलम पर आक्रमण कर दिया और उस पर कब्जा कर लिया। फिर तुर्कों द्वारा ईसाइयों पर अमानुषिक अत्याचार किए गए। तुर्कों ने यरूशलम की यात्रा पर टैक्स लगा दिया था। अतः ईसाइयों के लिए यरूशलम में प्रवेश करने से पूर्व कर देना आवश्यक था। तुर्कों द्वारा ईसाई व्यापारियों पर भी कर लगाए गए।

केवल इतना ही नहीं, तुर्कों ने गिरजाघरों को अपने घोड़ों के लिए अस्तबल बनाकर समस्त ईसाइयों का घोर अपमान किया था। जब पीटर व अन्य ईसाइयों द्वारा यरूशलम में उन पर किए जानेवाले अत्याचारों की कहानियाँ सुनाई गईं तो समस्त ईसाई उत्तेजित हो उठे।

ग्यारहवीं शताब्दी के अंत से तेरहवीं शताब्दी की समाप्ति तक धर्मयोद्धाओं ने बड़ी संख्या में पश्चिम यूरोप से अपने घर त्यागकर पूर्व की तरफ यात्रा की, ताकि पवित्र भूमि को आक्रमणकारी तुर्कों से बचा सकें।

पोप उस समय युद्ध को अनिवार्य मान रहा था क्योंकि वह अपनी शक्ति का विस्तार करना चाहता था। कुछ इतिहासकार यह तर्क देते रहे हैं कि पोप सम्राट् को कमजोर बनाने के लिए सैनिक कार्रवाई को प्रोत्साहन दे रहा था।

पोप ने इस युद्ध में सहायता देना इसलिए स्वीकार किया क्योंकि वह यह समझ रहा था कि इससे पूर्वी चर्च एवं पश्चिमी चर्च के मध्य मतभेद समाप्त हो जाएँगे और वे एकता के सूत्र में बँध जाएँगे। इससे उसकी शक्तियाँ बढ़ेंगी और वह सर्वशक्तिमान बन जाएगा।

दूसरे, पोप ने यह भी सोचा कि यदि इस युद्ध में मुसलमान परास्त हो गए तो पूर्व में भी उसका प्रभाव बढ़ जाएगा।

बाइजेंटाइन के साम्राज्य ने 700 वर्षों तक अरब आक्रमणकारियों से यूरोप की रक्षा की। सम्राट् बेसिल द्वितीय (963-1025) के शासनकाल में बाइजेंटाइन व तुर्की साम्राज्य की सीमाएँ छूने लगी थीं।

इसी समय तुर्कों ने इस्लामी साम्राज्य पर आक्रमण कर दिया व उन पर अधिकार कर लिया एवं बगदाद के अब्बासी खलीफा को पदच्युत कर दिया।

1071 ई. में बाइजेंटाइन सम्राट् रोमनुस एवं सैंजुक तुर्कों के मध्य मंजीकर्ट के मैदान में भीषण युद्ध हुआ। युद्ध में बाइजेंटाइन का सम्राट् बुरी तरह परास्त हुआ और उसके कई नगरों पर तुर्कों द्वारा अधिकार कर लिया गया।

इस युद्ध की विजय ने तुर्कों का एशिया माइनर पर प्रभुत्व स्थापित कर दिया। अतः बाइजेंटाइन का सम्राट् रोमनुस तुर्कों से संधि करने के लिए विवश हो गया। इसी समय कुस्तुनतुनिया की रक्षा के लिए रोमनुस ने यूरोप से सहायता माँगी। पोप ने भी रोमनुस को सहायता देने का निश्चय कर लिया।

धर्मयुद्ध का अगला कारण मुसलमानों व ईसाइयों में प्रतिद्वंद्विता का होना था। इस समय ईसाई जहाजों द्वारा ही पूर्व में व्यापार किया जाता था। इस समय ईसाइयों के जहाज को तुर्की बेड़ों द्वारा लूट लिया जाता था। अतः ईसाई पूर्वी भूमध्य सागर के व्यापारिक क्षेत्र में तुर्की के स्थान पर अपनी प्रभुता स्थापित करना चाहते थे।

यह युद्ध व्यापारिक सुविधाओं के लिए लड़ा गया और इसे धर्मयुद्ध का नाम दिया गया।

1095 ई. में दक्षिण फ्रांस के क्वोमांट नामक नगर में ईसाइयों की बहुत बड़ी सार्वजनिक सभा को संबोधित करते हुए पोप ने एक जोशीला भाषण दिया, क्योंकि पोप अपने अधिकारों के विस्तार के लिए युद्ध आवश्यक समझता था।

पोप द्वारा की गई धर्मयुद्ध की घोषणा का जनता पर व्यापक प्रभाव पड़ा। उसने यह भी घोषणा की कि ईश्वर उन लोगों को माफ कर देगा जो इन युद्धों में शामिल होंगे।

परिणामस्वरूप बिशप, राजा, किसान एवं जनसाधारण ने इस युद्ध में सहर्ष भाग लिया।

संत पीटर सात हजार ईसाइयों के साथ यरूशलम रवाना हुए, ताकि तुर्कों को वहाँ से भगाया जा सके। दुर्भाग्यवश इनमें से कुछ रास्ते में बीमार हो गए, कुछ मर गए, कुछ ने भूख से प्राण त्याग दिए, कुछ गिने-चुने लोग ही यरूशलम पहुँचे, परंतु उनका भी तुर्कों द्वारा कत्ल कर दिया गया।

धर्मयुद्धों का समय 1096 ई. से 1270 ई. तक था। कुल मिलाकर धर्मयुद्ध सात बार लड़े गए।

❑

अरबेला का युद्ध
(331 ई.पू.)

जिस समय यूनानी सम्राट् सिकंदर सिंहासनारूढ़ हुआ था, उसके चारों ओर अनेक समस्याएँ मुँह खोले हुए पड़ी थीं, परंतु उसने बड़ी कुशलता एवं धैर्य के साथ इन समस्याओं को हल किया।

ग्रीस को एक सूत्र में बाँधकर सिकंदर विश्व-विजय के लिए निकला। अभियान के आरंभ में उसे अनेक लड़ाइयों में महत्त्वपूर्ण सफलता मिली, जिसके कारण साम्राज्य विस्तार की इच्छा निरंतर बढ़ती गई।

सिकंदर ने ईरान के समुद्री सत्तावाले नगरों पर अधिकार करने का निश्चय किया और 333 ई.पू. में प्रमुख बंदरगाहों पर कब्जा कर लिया। इस बीच डेरियस तृतीय सिकंदर का सामना करने के लिए ईसस नदी तट पर पहुँचा, परंतु इस आक्रमण में डेरियस पराजित होकर भाग गया। इसके बाद सिकंदर ने शेष सभी अड्डों पर अधिकार कर लिया तथा साइप्रस भी उसके अधिकार में आ गया। इस प्रकार उसने पूर्वी भूमध्य सागर पर अधिकार जमा लिया।

इसके पश्चात् सिकंदर पैलिसटाइन होता हुआ गाजा पहुँचा तथा उस पर विजय प्राप्त करके उसने ईरान से मिस्र के रास्ते को बंद कर दिया। अंत में मेनफिस पहुँचकर उसने अलेक्जेंड्रिया नामक नगर बसाया। मिस्र के शासन का प्रबंध करके वह टायर पहुँचा।

टायर नगर समुद्र से कुछ दूरी पर बसा हुआ था। सिकंदर ने टायर पर भी अपना अधिकार जमा लिया तथा स्पार्टा की रोकथाम के लिए प्रबंध करके वह एंटियो चल दिया।

सिकंदर की बढ़ती विजय-यात्रा को देखकर डेरियस ने दो बार उससे संधि के लिए प्रार्थना की, पर उसने प्रार्थना स्वीकार नहीं की। वह अगले युद्ध की तैयारी में लगा रहा। अंत में मेनफिस तथा पेल्यूजियम नामक स्थानों पर अपना सैनिक पड़ाव डालकर वह एशिया की ओर बढ़ा।

डेरियस ने अपनी विशाल सैन्यशक्ति के आधार पर अरबेला के मैदान में सिकंदर की सेना को घेरने की गूढ़ योजना बनाई। इसी उद्देश्य की पूर्ति के लिए उसने सबसे आगे रथ सेना को संगठित किया तथा उनके मध्य भाग में हाथी खड़े किए, ताकि जोरदार आक्रमण करके शत्रु की सेना में भय का वातावरण बनाया जा सके।

30 सितंबर, 331 ई.पू. को जब ईरानी सेना रात्रिकालीन उत्सव में व्यस्त थी, सिकंदर की सेना आराम कर रही थी, डेरियस ने अपनी सेना को युद्ध के एक दिन पूर्व ही व्यूहबद्ध कर लिया था। जब 1 अक्तूबर, 331 ई.पू. को सिकंदर ने यह देखा कि ईरानी सेना की अगली पंक्ति उसकी पंक्ति से दोगुनी लंबी है और शत्रु उसको दोनों ओर से घेर सकता है, अतः अपनी व्यूह रचना करते समय सिकंदर ने इस बात का पूरा ध्यान रखा कि उसके पार्श्वों पर शत्रु आक्रमण न कर सके। अतः सिकंदर ने अपनी सेना को कुछ तिरछे होकर बढ़ने का आदेश दिया।

सिकंदर ने सेना की व्यूह रचना इस प्रकार की थी कि वह बदलती हुई परिस्थितियों में तुरंत परिवर्तन कर सके।

जब सिकंदर की सेना ने ईरानियों की सेना की ओर मार्च प्रारंभ किया तो सीधे आक्रमण न करके ईरानियों के बाएँ पार्श्व में पीछे की तरफ मार्च किया। यह देखकर डेरियस की सेना ने उसके समानांतर चलना आरंभ कर दिया।

डेरियस ने अपनी साइथियन अश्वारोही सेना को आगे बढ़कर आक्रमण करने का आदेश दिया। इसके विरुद्ध सिकंदर की मेनीडास के नेतृत्ववाली अश्वारोही सेना ने आगे बढ़ना जारी रखा। जब डेरियस ने देखा कि शत्रु की सेना समतल किए हुए क्षेत्र से आगे बढ़ रही है तो डेरियस ने इस डर से कि

उसके रथ बेकार हो जाएँगे, अपनी सेना के बाईं ओर वाली अश्वारोही सेना को आगे बढ़ाकर सिकंदर की सेना को रोकने का प्रयास किया।

फलत: सिकंदर की मेनीडास के नेतृत्ववाली अश्वारोही सेना को भ्रम के कारण पीछे हटना पड़ा तो सिकंदर ने अरिस्टो के नेतृत्ववाली अश्वारोही सेना को आगे बढ़ने का आदेश दिया, जिसके जवाब में ईरानी कमांडर बेसुस ने बैक्ट्रियन तथा साइथियन अश्वारोही सेनाओं को आगे बढ़ने का आदेश दिया।

इस अश्वारोही सेना की मुठभेड़ में सिकंदर की अश्वारोही सेना को भारी हानि उठानी पड़ी, क्योंकि साइथियन अश्वारोही सैनिक कवचयुक्त थे। इस अव्यवस्था के बावजूद सिकंदर की सेना की बहादुरी तथा अनुशासन ने अपना प्रभाव बनाए रखा, जिसके परिणामस्वरूप ईरानी सेना को पीछे हटना पड़ा।

331 ई.पू. में लड़े गए इस युद्ध में सिकंदर ने अपने कुशल नेतृत्व एवं सेना के समरतांत्रिक फैलाव के बल पर महत्त्वपूर्ण एवं ऐतिहासिक सफलता प्राप्त की।

युद्ध में सफलता के पश्चात् सिकंदर ने बहुत दूर तक पीछा करके डेरियस को पकड़ने का प्रयत्न किया, परंतु सिकंदर के हाथ लगने के पहले बेसुस (ईरानी सेनापति) ने ही डेरियस की हत्या कर दी।

अब ईरान भी सिकंदर के आधिपत्य में आ गया। इसके पश्चात् उसने उत्तर-पूर्व तथा दक्षिण-पूर्व इलाकों को अधिकार में करके पूर्वी सीमांत को सुरक्षित कर लिया। फिर वह काबुल होता हुआ झेलम पहुँचा और पोरस 326 ई.पू. में झेलम के युद्ध में पराजित किया।

सिकंदर का विचार गंगा नदी के किनारे चलकर पूर्वी समुद्र तक अधिकार जमाने का था, पर उसके सैनिकों को घर छोड़े हुए बहुत दिन हो चुके थे। अत: उन्होंने आगे बढ़ने से इनकार कर दिया, जिससे आगे बढ़ने का विचार छोड़कर सिकंदर बेबीलोन पहुँचा, जहाँ 13 जून, 323 ई.पू. को मात्र 33 वर्ष की उम्र में उसकी मृत्यु हो गई।

❑

हेस्टिंग्स का युद्ध
(1066 ई.)

हेस्टिंग्स के युद्ध में विजेता विलियम ने इंग्लैंड के राजा हेरोल्ड द्वितीय को पराजित किया था। यह युद्ध इंग्लैंड के हेस्टिंग्स नगर से साल मील दूर सेनलेक पहाड़ी पर लड़ा गया था। दिन भर के भीषण युद्ध के अंत में आँख में तीर लगने से हेरोल्ड मारा गया था और उसकी सेना को नष्ट कर दिया गया था। हेरोल्ड इंग्लैंड का अंतिम एंग्लो-सेक्सोन राजा था।

यह युद्ध 14 अक्तूबर, 1066 को लड़ा गया था। इस युद्ध को आरंभ करने से पहले विजेता विलियम की सेना ने हेस्टिंग्स के आसपास में काफी तबाही मचाई थी।

विजेता विलियम नोरमांडी का ड्यूक था और वह दक्ष तथा अनुभवी सेनानायक था। उसकी पैदल और अश्वारोही सेना से उसके शत्रु घबराते थे। उसने 1054 ई. और 1057 ई. में फ्रांस के राजा के साथ युद्ध किया था और उसे पराजित किया था। विजेता विलियम अपने शत्रुओं के साथ बेरहमी से पेश आता था।

उसके सैनिक अच्छी तरह प्रशिक्षित और हथियारों से लैस थे। वे कवचयुक्त होकर युद्ध के मैदान में उतरते थे और इस तरह अपनी सुरक्षा कर पाने में सफल होते थे। उसकी सेना में बेहतर नस्ल के घोड़े थे जो अपनी पीठ पर सैनिकों को बिठाकर तेजी के साथ दौड़ सकते थे।

अश्वारोही सैनिक घोड़े पर बैठकर अपने दोनों हाथों का उपयोग अस्त्र

संचालन के लिए भली-भाँति कर सकते थे। विलियम की अश्वारोही सेना वास्तव में अत्यंत प्रभावशाली थी।

हेरोल्ड की सेना में पेशेवर और गैर-पेशेवर सैनिकों का मिश्रण देखा जा सकता था। उनमें हेरोल्ड के अंगरक्षक से लेकर किसान तक शामिल थे, जिन्हें दक्षिण के स्टेपफोर्ड ब्रिज से लेकर ससेक्स तक के ग्रामीण इलाकों से जुटाया गया था। उस जमाने में युद्ध लड़ने के बदले सैनिकों को किसी तरह का आकर्षक वेतन नहीं दिया जाता था। युद्ध में लूटे गए सामान पर सैनिकों का हक होता था। इसके अलावा विलियम एक आक्रमणकारी था और हेरोल्ड की सेना में शामिल होनेवाले ग्रामीण आक्रमणकारी से लड़ना उचित बात समझते थे।

हेरोल्ड एक कुशल सेनानायक था। जिस समय एडवर्ड इंग्लैंड का शासक था उस समय भी हेरोल्ड सेना का संचालन कर चुका था।

सितंबर महीने में विलियम पेवेंसी बे नामक स्थान पर पहुँचा था। दंतकथा के अनुसार, विलियम अपनी नाव से कूदा था और समुद्र तट पर फिसलकर गिरा था। उसके कुछ सैनिकों ने इसे अशुभ संकेत बताया था मगर विलियम ने मुट्ठी में रेत भरकर आत्मविश्वास के साथ कहा था, ''देखो, मैंने इंग्लैंड पर कब्जा कर लिया है।''

पेवेंसी बे में विलियम ने एक छावनी का निर्माण किया और अपनी सेना के साथ सुरक्षित पहुँचने की खुशी में एक उत्सव का आयोजन किया। इसके बाद वह अपनी सेना को लेकर पूरब की दिशा में समुद्रतटीय नगर हेस्टिंग्स की दिशा में रवाना हो गया।

दक्षिण की तरफ बढ़ते हुए हेरोल्ड ने विलियम के हमले का जवाब देने के लिए सेनलेक पहाड़ी पर मोरचाबंदी की। उसका मानना था कि ऊँचाई पर रहकर उसकी सेना विलियम की सेना को आसानी से पराजित कर सकती थी, चूँकि कवचयुक्त सैनिकों के लिए ऊँचाई पर चढ़ना कठिन हो सकता था। घुड़सवारों को भी पहाड़ी तक पहुँचने में कठिनाई का सामना करना पड़ सकता था और वे तीव्रता के साथ मुकाबला नहीं कर सकते थे।

इसके बारे में कोई तथ्य उपलब्ध नहीं है कि विलियम ने पहाड़ी के नीचे मोरचाबंदी क्यों की थी। उसने सेनलेक पहाड़ी पर हेरोल्ड को मोरचाबंदी करने का अवसर क्यों दिया था, इसका भी कोई जवाब नहीं मिलता।

संभवतः विलियम को पूरा यकीन था कि वह एक ऐसी सेना को आसानी से हरा सकता था जो स्टेमफोर्ड ब्रिज से योर्कशायर की 250 मील की दूरी तय कर और एक भीषण युद्ध लड़कर आई थी और बुरी तरह थकी हुई थी।

इतना तो तय है कि हेरोल्ड ने काफी सूझ-बूझ के साथ अपनी सेना को तैनात किया था। वह पहाड़ी की ऊँचाई और ढलान का लाभ उठा सकता था। उसने अपने सैनिकों से एक प्राचीर का निर्माण करने के लिए कहा ताकि शत्रु के तीरों के वार को नाकाम किया जा सके।

युद्ध सुबह नौ बजे शुरू हुई। युद्ध के दौरान वास्तव में क्या हुआ, इसकी कोई प्रामाणिक जानकारी उपलब्ध नहीं है। जो भी सूचना उपलब्ध है, वह विजेता विलियम के समर्थकों का वर्णन है कि अंग्रेज सेना का सफाया कर दिया गया।

इस युद्ध का जो भी विवरण उपलब्ध है वह 'वियोक्स टेपेस्ट्री' नामक नाटक पर आधारित है। युद्ध के ग्यारह साल बाद ईसाई ननों ने विजेता विलियम के सौतेले भाई विशप ओडो के कहने पर इस नाटक को प्रस्तुत किया था। इस नाटक के विवरण कितने प्रामाणिक है, इसके बारे में आधिकारिक रूप से कुछ कहा नहीं जा सकता।

युद्ध के घटनाक्रम का अनुमान इतिहासकारों ने इस तरह लगाया है—

सेनलेक पहाड़ी जंगलों से टकी हुई थी और विलियम की सेना को एक संकीर्ण पगडंडी से लड़ाई करनी पड़ रही थी।

हेरोल्ड की सेना के हमले के चलते विलियम के काफी सैनिक मारे गए। बीच में विलियम के मारे जाने की अफवाह फैली, तब विलियम ने अपना मुकुट दिखाकर अपनी सेना को आश्वस्त किया।

हेरोल्ड की सेना में शामिल किसानों ने विलियम के सैनिकों से घोड़े

छीनने के लिए उस प्राचीर को तोड़ दिया, जिसे हेरोल्ड ने सुरक्षा के लिए बनवाया था। प्राचीर टूटते ही विलियम की सेना ने हेरोल्ड की सेना का सफाया करना शुरू कर दिया और अंततः हेरोल्ड भी मारा गया।

❑

टेनोक्टीटलन युद्ध
(1520-21 ई.)

तीन महीने तक घेराबंदी करने के बाद हर्नान कोर्टेस के नेतृत्व में स्पेनिश सेना ने अजटेक साम्राज्य की राजधानी टेनोक्टीटलन पर अधिकार कर लिया था। नगर पर अधिकार करने के बाद कोर्टेस के सैनिकों ने अजटेक के सम्राट् काउटेमोक को बंदी बना लिया था।

शिकारियों की एक जाति ने 1325 ई. में टेनोक्टीटलन नगर को बसाया था। यह लेक टेक्सकोको द्वीप पर स्थित था जो वर्तमान युग की मेक्सिको सिटी के करीब था। एक शताब्दी गुजरते-गुजरते यहाँ अजटेक साम्राज्य का विकास हुआ था। कृषि के क्षेत्र में प्रगति के कारण यह साम्राज्य समृद्धिशाली बन गया था और केंद्रीय मेक्सिको से लेकर सुदूर दक्षिण में वर्तमान युग के निकारागुआ तक इसका प्रभाव क्षेत्र फैला था।

1502 ई. में मोंटेजुमा द्वितीय के शासनकाल में अजटेक साम्राज्य का दबदबा काफी बढ़ चुका था। अजटेक के पास विशाल सैन्यशक्ति थी। सम्राट् मोंटेजुमा ने नौकरशाही का विकास किया था और नए प्रांत बनाकर प्रणाली लागू की थी। कर वसूले जाने को लेकर साम्राज्य के कुछ हिस्सों में लोगों के बीच असंतोष की आग सुलगने लगी थी।

दूसरी तरफ स्पेनिश युवक हर्नान कोर्टेस 1504 में वेस्टइंडीज हिस्पानियोला में पहुँचा। 1511 ई. में डिएगो वेलेजक्वेज के साथ समुद्री अभियान पर निकलकर उसने क्यूबा पर अधिकार किया और हिस्पानियोला की राजधानी सांतायागो के मेयर के पद पर दो बार चुना गया।

1518 में अमरीकी मुख्य भूमि तक जानेवाले स्पेनिश समुद्री अभियान के लिए कोर्टेस को कैप्टन जनरल नियुक्त किया गया। क्यूबा के गवर्नर वेलेजक्वेज ने बाद में कोर्टेस को उसके पद से हटा दिया और कोर्टेस ने इजाजत के बगैर ही अभियान पर निकलने का फैसला किया। मार्च 1519 में वह 500 सैनिकों के साथ मेक्सिको के टबास्को समुद्र तट पर पहुँच गया। 500 सैनिकों के अलावा उसके साथ 100 नाविक और 16 घोड़े भी थे।

इस स्थान पर कोर्टेस स्थानीय लोगों का विश्वास जीतने में सफल हुआ और मरीना नामक स्थानीय युवती से उसने शादी भी कर ली, जो उसके लिए दोभाषिए का काम करती थी। बाद में मरीना ने एक पुत्र को जन्म दिया।

मेक्सिको समुद्र तट पर कोर्टेस ने पेराक्रूज नामक कॉलोनी की स्थापना की। इस तरह वह खुद को इस कॉलोनी का कैप्टन जनरल घोषित कर वेलेजक्वेज की अधीनता से मुक्त कर लिया और स्पेन के राजा चार्ल्स पंचम के प्रति अपनी जवाबदेही निश्चित की।

वेराक्रूज कोर्टेस ने अपनी सेना तैयार की और अपने जहाजों को जलाकर स्थानीय लोगों के प्रति अपनी वफादारी सुनिश्चित की। अजटेक साम्राज्य में असंतोष की खबर पाकर वह हमला करने के लिए आगे बढ़ा। मार्ग में स्थानीय कबीलों के साथ भी उसे संघर्ष करना पड़ा। जब स्थानीय आदिवासी सरदारों को पता चला कि वह अजटेक साम्राज्य पर धावा बोलने जा रहा था, तो वे उसकी मदद करने के लिए तैयार हो गए। इस तरह उसे नए सैनिक, घोड़े और हथियार भी मिल गए।

मोंटेजुमा द्वितीय ने कोर्टेस को खदेड़ने की कोशिश की, मगर वह सफल नहीं हो सका। 8 नवंबर, 1519 को बगैर रक्तपात ही कोर्टेस अपने एक हजार सैनिकों के साथ टेनोक्टीटलन नगर में घुसने में कामयाब हुआ।

असल में मोंटेजुमा द्वितीय अंधविश्वासी राजा था। उसने एक पुरानी भविष्यवाणी के आधार पर कोर्टेस को ईश्वर की तरफ से भेजा गया देवदूत

समझ लिया था। कोर्टेस और उसकी सेना का नगर में गर्मजोशी के साथ स्वागत किया गया और मौके का फायदा उठाते हुए कोर्टेस ने मोंटेजुमा द्वितीय को बंदी बना लिया।

अब कोर्टेस ने शासन करना शुरू किया। 1520 के वसंत में कोर्टेस को पता चला कि क्यूबा से सैनिकों का दल हमला करने के लिए आया था।

इस सेना का नेतृत्व पानफिलो नारवेज कर रहा था जिसे वेलेजक्वेज ने कोर्टेस को पराजित करने के लिए भेजा था।

कोर्टेस अपनी सेना को लेकर टेनोक्टीटलन से बाहर निकला और अपने पीछे 80 स्पेनिश तथा सौ से अधिक स्थानीय समुदायों के सैनिकों को नगर की सुरक्षा का दायित्व सौंप गया।

कोर्टेस ने आसानी के साथ नारवेज को पराजित कर दिया और उसकी सेना को अपनी सेना में मिला लिया।

कोर्टेस जब वापस लौटकर टेनोक्टीटलन पहुँचा तो उसने पाया कि वहाँ अराजकता की स्थिति पैदा हो गई थी। उसके सैनिक विद्रोहियों को नियंत्रित कर पाने में नाकाम रहे थे।

विद्रोहियों ने कई स्थानीय नेताओं की हत्या कर दी थी और देश की जनता सड़कों पर उतरकर हिंसा फैला रही थी।

स्थानीय लोगों के उग्र रूप को देखते हुए और भोजन की किल्लत होने के कारण 30 जून को कोर्टेस और उसके सहयोगियों को नगर से बाहर निकलने के लिए भीषण युद्ध करना पड़ा।

इस युद्ध की रात को स्पेनिश में 'उदासी की रात' कहकर याद किया जाता है। जिस पोत पर कोर्टेस ने अजटेक साम्राज्य की बहुमूल्य संपत्ति लादी थी, वह लेक टेक्सकोको में डूब गई और उसके साथ ही उसके कई सैनिक भी डूब गए।

उत्तेजित भीड़ ने मोंटेजुमा द्वितीय की हत्या कर दी। उसके भाई कटलाहुक को राजा बनाया गया।

मई 1521 में कोर्टेस फिर टेनोक्टीटलन लौट आया। तीन महीने

तक नगर की घेराबंदी करने के बाद उसने उस पर अधिकार कर लिया। इसके साथ ही अजटेक साम्राज्य का पतन हो गया। इसके साथ ही कोर्टेस विशाल मेक्सिकन साम्राज्य का सम्राट् बन गया।

❑

स्तालिनग्राड का युद्ध
(1942-43 ई.)

कई इतिहासकार स्तालिनग्राड के युद्ध को यूरोप में द्वितीय विश्वयुद्ध का एक निर्णायक मोड़ मानते हैं।

स्तालिनग्राड के युद्ध में जर्मन सेना को रूस की जमीन पर बुरी तरह शिकस्त का सामना करना पड़ा और इस शिकस्त की वजह से ही जर्मनी की सेना प्रत्येक इलाके में बचाव की मुद्रा अपनाने के लिए मजबूर हो गई।

इस युद्ध को लेकर एक रोचक तथ्य यह भी है कि मूल योजना के अनुसार जर्मनी की छठी सेना को स्तालिनग्राड के युद्ध में उलझने की कोई जरूरत नहीं थी। सेना का ग्रुप ए और बी रूस के दक्षिण–पश्चिम क्षेत्र में स्थित काउकासस की तरफ रवाना हुआ था। उसी समय हिटलर ने सेना को स्तालिनग्राड पर हमला करने का आदेश दे दिया।

रणनीतिक दृष्टिकोण से अपने पीछे किसी शहर को अविजित छोड़कर आगे बढ़ना एक गलती ही कहलाएगी। लेकिन कुछ इतिहासकारों का मानना है कि हिटलर ने केवल नाम के आधार पर स्तालिनग्राड पर हमला करने का आदेश दिया था चूँकि हिटलर को रूसी शासक जोसफ स्तालिन से नफरत थी।

वहीं नगर के साथ अपना नाम जुड़ा होने के कारण जोसफ स्तालिन ने अपनी सेना को किसी भी हालत में नगर की हिफाजत सुनिश्चित करने का आदेश दिया।

स्तालिनग्राड का युद्ध 1942 की सर्दियों में शुरू हुआ और 1943 में

समाप्त हुआ। छठी सेना के जर्मन कमांडर जनरल पौलूस की सहायता चौथी पैंजर सेना कर रही थी। जनरल पौलूस सेना को लेकर स्तालिनग्राड की तरफ बढ़ रहा था। पहले उसे काउकासस के तेल क्षेत्रों की सुरक्षा सुनिश्चित करने के लिए कहा गया था। मगर अब हिटलर ने उसे स्तालिनग्राड पर कब्जा करने का आदेश दे दिया था। जर्मन सेना का मूल उद्‍देश्य बालू तक पहुँचना था।

स्तालिनग्राड दक्षिण में रूस का प्रमुख संचार केंद्र और उत्पादन केंद्र होने के नाते भी जर्मनी के निशाने पर आ गया था।

सितंबर 1942 में जर्मन सेना नगर में घुस गई थी। इससे पहले ऑपरेशन शन बारबरोसा चलाकर जर्मन सेना रूस को काफी नुकसान पहुँचा चुकी थी। रूसी सेना अपने नेता के नामवाले शहर की रक्षा कर अपने देश की प्रतिष्ठा बचाने का संकल्प ले चुकी थी।

रूसी सेना तो स्तालिनग्राड पर जर्मन सेना का अधिकार कायम होने देना चाहती थी, न ही काउकासस के तेल क्षेत्रों को गँवाने के लिए तैयार थी। स्तालिन ने आदेश दिया था, ''एक कदम भी पीछे नहीं हटना है।''

इस नगर को लेकर लड़ा गया युद्ध द्वितीय विश्वयुद्ध का एक लोमहर्षक युद्ध माना जाता है। नगर की सड़कों पर दोनों सेनाएँ आमने-सामने आकर बहादुरी के साथ लड़ रही थीं। जर्मन सेना नगर के एक बड़े हिस्से पर कब्जा करने में सफल तो हो गई, मगर अपना कब्जा अधिक समय तक बहाल नहीं रख पाई। जिन इलाकों पर जर्मन सेना दिन में कब्जा करती थी, रूसी सेना रात में उन इलाकों को आजाद करवा देती थी।

19 नवंबर तक रूसी सेना की स्थिति मजबूत हो चुकी थी और वह जवाबी हमला शुरू कर सकती थी।

रूसी सेनापति मार्शल झुकोव ने दस लाख सैनिकों की छह सेना का प्रयोग स्तालिनग्राड नगर को चारों तरफ से घेरने के लिए किया। रोमानेंको के नेतृत्व में 5वीं टैंक रेजीडेंट ने उत्तर की तरफ से हमला किया। इसी तरह चिस्तीकोव के नेतृत्व में 21वीं रूसी सेना ने उत्तर से हमला किया।

65वीं रूसी सेना (चुकोव के नेतृत्व में) और 24वीं रूसी सेना (गेलीकिन के नेतृत्व में) उत्तर की तरफ से जर्मन सेना पर आक्रमण करने लगी। 64वीं, 57वीं और 521वीं रूसी सेना दक्षिण से जर्मन पर हमला करने लगी। रूस की सैन्य टुकड़ियाँ 23 नवंबर को स्तालिनग्राड के पूर्व में कलाच नामक स्थान पर एकत्रित हुईं।

छठी जर्मन सेना के ढाई लाख से लेकर तीन लाख तक सैनिक नगर के अंदर मौजूद थे और झुकोव ने उत्तर और दक्षिण की तरफ से बाहर का घेराव कर जर्मन सैनिकों को आत्मसमर्पण करने के लिए मजबूर कर दिया था।

झुकोव के हमले के पहले चरण में पौलूस अपनी सेना को लेकर भाग निकलने में शायद सफल हो सकता था, मगर हिटलर ने उसे पीछे हटने से मना कर दिया था।

स्तालिनग्राड से बाहर नहीं निकल पाने के कारण जर्मन सेना को भीषण ठंड का प्रकोप भी झेलना पड़ा। तापमान शून्य से भी नीचे पहुँच गया था। वहीं खाने-पीने की चीजों, गरम कपड़ों और हथियारों की किल्लत हो गई थी।

हिटलर ने आदेश दिया था कि पौलूस को अंतिम दम तक लड़ना होगा। पौलूस का हौसला बढ़ाने के लिए हिटलर ने उसे फील्ड मार्शल के पद पर प्रोन्नत कर दिया था। लेकिन जनवरी 1943 में जर्मन सेना के सामने हथियार डाल देने के सिवा कोई विकल्प बचा नहीं रह गया था।

31 जनवरी को दक्षिणी पसेक्टर में पौलूस ने आत्मसमर्पण कर दिया था और 2 फरवरी, 1943 को जनरल सेरेक ने आत्मसमर्पण कर दिया था।

जर्मन सेना की पराजय हिटलर के लिए अप्रत्याशित घटना थी। स्तालिनग्राड में 91 हजार जर्मन सैनिकों को बंदी बना लिया गया था। इतनी बड़ी तादाद में सैनिकों को गँवा देने के बाद जब रूस ने जर्मनी पर हमला कर दिया, तब मुकाबला करने के लिए जर्मनी के पास पर्याप्त सैनिक बचे नहीं रह गए थे।

❑

अमेदा का युद्ध
(1588 ई.)

फ्रांस के ग्रेवलाइंस समुद्र तट पर इंग्लैंड की नौसेना के सेनापति लॉर्ड चार्ल्स हॉवर्ड और सर फ्रांसिस ड्रेक के हाथों स्पेन का अदम्य जहाजी बेड़ा माना जानेवाला 'अमेदा' पराजित हो गया था।

आठ घंटे तक चले भीषण संघर्ष के बाद हवा के बहाव में परिवर्तन होने के साथ ही स्पेनिश नौसैनिक युद्ध छोड़कर उत्तरी समुद्र की दिशा में भागे। आक्रमण की सारी उम्मीदें टूट गईं और शेष बचे जहाजी बेड़े को स्पेन पहुँचने में काफी कठिनाइयों का सामना करना पड़ा।

1580 के उत्तरार्ध में इंग्लैंड की तरफ से स्पेन के वाणिज्यिक जहाजों पर हमले किए जा रहे थे। दूसरी तरफ रानी एलिजाबेथ प्रथम स्पेनिश नीदरलैंड्स के डच विद्रोहियों की मदद कर रही थी।

इन बातों से क्षुब्ध होकर स्पेन के सम्राट् फिलीप द्वितीय ने इंग्लैंड पर आक्रमण करने की योजना बनाई। पोप सिक्सटस पंचम ने इस अभियान के लिए अपना आशीर्वाद दे दिया। पोप को उम्मीद थी कि इस तरह प्रोटेस्टेंट द्वीप को रोम के प्रभाव क्षेत्र में लाया जा सकता है।

1587 में एक विशाल समुद्री बेड़े का निर्माण पूरा हो गया, लेकिन लेडीज बंदरगाह में सर फ्रांसियस ट्रेक ने हमला कर इस बेड़े की आपूर्ति प्रणाली को नुकसान पहुँचाया, जिसके कारण समुद्री बेड़े की यात्रा मई 1588 तक टाल दी गई।

19 मई, 1588 को अमेदा नामक समुद्री बेड़ा इंग्लिश चैनल पर

अधिकार करने और फ्लेंडर्स से ब्रिटिश टापू तक स्पेनिश सैनिकों को पहुँचाने के उद्‌देश्य से लिस्बन से रवाना हो गया।

इस बेड़े का नेतृत्व ड्यूक ऑफ मेडीना-सिडोनिया कर रहा था। इस बेड़े में 130 युद्धपोत शामिल थे। इन युद्धपोतों पर 2500 बंदूकें, 8000 नाविक और 20,000 सैनिक सवार थे।

तुलनात्मक रूप से देखा जाए तो स्पेनिश पोतों पर अंग्रेजों के पोतों की तुलना में कम सैनिक सवार थे और उनकी रफ्तार भी धीमी थी, लेकिन स्पेनिश सेनापति को अपनी पैदल सेना की दक्षता पर भरोसा था। उसकी योजना थी कि संघर्ष छिड़ जाने पर स्पेनिश सैनिक ब्रिटिश युद्धपोतों पर आसानी से कब्जा कर सकते थे।

रास्ते में तूफान आ जाने के कारण समुद्री बेड़े को वापस स्पेन लौटना पड़ा और काफी विलंब के बाद यह बेड़ा 19 जुलाई को इंग्लैंड के दक्षिणी समुद्र तट पर पहुँचा। इस बीच अंग्रेजों को युद्ध की तैयारी करने के लिए पर्याप्त समय मिल गया था।

21 जुलाई को ब्रिटिश नौसेना ने सुरक्षित दूरी बनाकर सात मील लंबे स्पेनिश पोतों के काफिले पर गोली बरसानी शुरू कर दी थी। ब्रिटिश नौसेना के पास दूर तक निशाना लगानेवाली भारी बंदूकें थीं, जिनका प्रभावशाली ढंग से उपयोग किया जा रहा था।

स्पेनिश समुद्री बेड़ा अगले कुछ दिनों तक आगे बढ़ता रहा, मगर अंग्रेजों के हमले की वजह से उसकी शक्ति पहले जैसी नहीं रह गई थी।

27 जुलाई को स्पेनिश समुद्री बेड़ा फ्रांस के केलाइस समुद्र तट पर जाकर रुका। फ्लेंडर्स में तैनात स्पेनिश सैनिक पोतों पर सवार होने की तैयारी करने लगे। लेकिन इंग्लिश चैनल पर अधिकार किए बगैर इंग्लैंड तक पहुँच पाना असंभव था।

29 जुलाई की आधी रात के वक्त अंग्रेजों ने आठ जलते हुए पोतों को केलाइस बंदरगाह की तरफ भेज दिया, जहाँ स्पेनिश बेड़ा तैनात था। इसके साथ ही स्पेनिश समुद्री बेड़े में अफरा-तफरी मच गई।

आग से बचाव करने के लिए स्पेनिश पोतों को तुरंत समुद्र में रवाना कर दिया गया। अब बेड़े में शामिल पोतों के बीच किसी तरह का तालमेल नहीं रह गया था और उनके बीच संवाद भी खत्म हो गया था।

अंग्रेजों ने इस सुनहरे मौके का फायदा उठाया और सुबह ही स्पेनिश युद्धपोतों पर आक्रमण कर दिया।

दोनों पक्षों के बीच निर्णायक युद्ध शुरू हो गया। दिन ढलते-ढलते अंग्रेजों ने बेहतरीन बंदूकों की मदद से विजय हासिल कर ली।

बुरी तरह क्षतिग्रस्त स्पेनिश युद्धपोतों को स्कॉटलैंड की उत्तरी दिशा की ओर भागना पड़ा। अंग्रेज नौसैनिकों ने स्कॉटलैंड तक इन युद्धपोतों का पीछा किया और फिर रसद कम होने के कारण वापस लौट आया।

स्पेनिश समुद्री बेड़े को रास्ते में तूफान और रसद की किल्लत का सामना करना पड़ा। स्कॉटलैंड और आयरलैंड के रास्ते यह बेड़ा काफी कठिनाइयों से गुजरते हुए स्पेन लौट पाया।

रास्ते में कई क्षतिग्रस्त पोत समुद्र में डूब गए और कई पोत आयरलैंड के समुद्र तट पर जाकर खड़े रह गए।

अक्तूबर में बेड़े के गिने-चुने पोत ही सुरक्षित स्पेन लौट पाए थे। बेड़े में शामिल आधे पोत नष्ट हो चुके थे और कम से कम 15 हजार व्यक्तियों की मौत हो चुकी थी।

अमेदा को शिकस्त देने के बाद इंग्लैंड विश्वस्तरीय शक्ति बन गया था। जल युद्ध में इंग्लैंड ने पहली बार दूर तक निशाना लगानेवाले हथियार का कारगर उपयोग करते हुए निर्णायक जीत हासिल की थी।

❑

लेचफील्ड का युद्ध
(955 ई.)

ब्रेंटा के युद्ध और हंगरी पर विजय हासिल करने के बाद मेगयार लोगों ने पश्चिमी यूरोप और बाइजंटियम के विरुद्ध कई अभियान शुरू किए।

953 ई. में जर्मनी में गृहयुद्ध छिड़ गया। राजा ओटो के पुत्र लुइडोल्फ और दामाद कोनराड ने भावी राजा के विरुद्ध विद्रोह कर दिया। विद्रोहियों ने मेगयार लोगों की मदद माँगी और 954 ई. में मेगयार लोगों की एक सेना ने बावेरिया पर आक्रमण कर दिया। इस अभियान में हंगेरियन लोगों को भारी वित्तीय लाभ प्राप्त हुआ और एक साल बाद फिर मेगयार लोगों की एक सेना ने पिछली सफलता को दोहराने की कोशिश की।

लेच नदी के किनारे हंगेरियन सैन्य छावनी की स्थापना की गई और आस-पड़ोस के देहाती इलाकों में लूटमार करने के लिए कई सैन्य टुकड़ियाँ बनाई गईं। मेगयार लोगों ने ऑग्सबर्ग का भी घेराव किया, जिसका बचाव बिशप उलरिक कूट रहा था। मेगयार लोगों की सेना में छह हजार से लेकर आठ हजार सैनिक थे। बुलेसू, लेल और सुर इस सेना का नेतृत्व कर रहे थे।

8 अगस्त, 955 को बरतोल्ड (राइसिनबर्ग का लॉर्ड) ने मेगयार छावनी में आकर मेगयार लोगों को सावधान किया कि ओटो के 3500 सैनिक उनके ऊपर आक्रमण करने के लिए आ रहे थे।

बुलेसू ने मोरचाबंदी करते हुए युद्ध की रणनीति बनाई। उसने 910

ई. के प्रथम ऑसबर्ग युद्ध के घटनाक्रम के आधार पर रणनीति बनाई थी जिसमें लेचफील्ड में मेगयार लोगों ने लुईस द चार्ल्स की सेना का सफाया कर दिया था।

मेगयार सेना को योजना के मुताबिक दो भागों में बाँटा गया। छोटी सेना की जिम्मेदारी थी कि वह शत्रु पर हमला करे, तीरों की बौछार करते हुए उसे कमजोर बना दे और फिर घबराई हुई जर्मन सेना को एक ऐसे स्थान पर ले जाया जाए जहाँ मेगयार लोगों की बड़ी सेना उनका सफाया कर सके। लेकिन यह योजना असफल साबित हुई।

9 अगस्त, 955 की शाम 7.36 बजे सूरज डूब गया। रात 8 बजे चारों तरफ अँधेरा था चूँकि चाँद 9.03 बजे निकला था। अँधेरे का लाभ उठाकर मेगयार सेना ने लेच नदी को पार कर लिया। फिर सेना का एक हिस्सा जर्मन सेना पर हमला करने के लिए रवाना हो गया।

ओटो ने अपने सैनिकों को सूर्योदय से पहले ही रवाना होने का आदेश दिया था। वह मेगयार सेना पर अचानक हमला बोल देना चाहता था और इसके लिए उसने जंगल से भरपूर दुर्गम रास्ते का चुनाव किया था।

ओटो ने अपनी सेना को आठ टुकड़ियों में बाँटकर छावनी से रवाना किया। सभी टुकड़ियाँ एक दूसरे के पीछे निश्चित दूरी बनाकर आगे बढ़ रही थीं। पहली टुकड़ी में बावेरियन सैनिक थे जिनका नेतृत्व हेनरी लूडोफिंग कर रहा था। राजा ओटो सेक्सोन सैनिकों की टुकड़ी का नेतृत्व कर रहा था। इसके अलावा फोकोनिया का कोनराड द रेड अपनी टुकड़ी के साथ चल रहा था। सुआबियन सैनिकों की टुकड़ी का नेतृत्व बर्कार्ड कर रहा था। छावनी की रखवाली करने के लिए 1000 बोहेमियन सैनिकों को पीछे छोड़ दिया गया था।

जब मेगयार सेना का एक दस्ता पहुँचा तब बावेरियन सैनिक दो किमी. की दूरी पर थे और उन्हें मेगयार सैनिकों के आगमन का पता नहीं चला।

अचानक हमला करते हुए मेगयार सैनिकों ने बोहेमियन सैनिकों को

बुरी तरह पराजित कर दिया और छावनी के करीब सुआबियन सैनिकों को भी खदेड़ दिया। मेगयार सैनिक आसानी से मिली जीत से चकित हुए और जर्मन सैनिकों को उकसाकर मुख्य मेगयार सेना के पास ले जाने की योजना वे भूल गए। इसकी जगह उन्होंने छावनी को लूटना शुरू कर दिया और अपनी विजय की सूचना एक संदेशवाहक के माध्यम से मेगयान सेना की बड़ी टुकड़ी के पास भेज दिया।

जिस समय मेगयार सैनिक लूटपाट करने में व्यस्त थे, उसी समय भागते हुए बोहेमियन और सुआबियन सैनिकों ने कोनराड की सैन्य टुकड़ी के पास पहुँचकर हमले की सूचना दे दी।

कोनराड अपने सैनिकों के साथ छावनी लौट आया और छावनी को लूट रहे मेगयार सैनिकों को कुचलकर रख दिया। कोनराड ने छावनी की रखवाली करने के लिए सैनिकों को तैनात कर दिया और स्वयं ओटो के काफिले में जाकर शामिल हो गया। ओटो पूर्व निर्धारित योजना के तहत आगे बढ़ता जा रहा था।

इसी बीच मेगयार सेना की मुख्य टुकड़ी को सेनापति बुलेसू को जर्मन छावनी पर कब्जा किए जाने की सूचना मिली और उसने अपनी छावनी में लौट जाने का फैसला किया।

इसी समय मूसलधार बरसात शुरू हो गई। मेगयार सैनिकों ने तीर-धनुष को जमीन पर रख दिया ताकि आगे बढ़ने में सहूलियत हो सके। उसी समय जंगल से बावेरियन सैनिक और सेक्सोन तथा फ्रैंकोनियन सैनिक निकलकर आए और बेरहमी के साथ मेगयार सैनिकों का सफाया करने लगे।

अप्रत्याशित रूप से किए इस हमले के दौरान सैनिक आत्मरक्षा कर पाने में सफल नहीं हुए। वे जान बचाकर भागने में भी सफल नहीं हो पाए। जर्मन अश्वारोही सेना ने इस हमले में मेगयार सेना को रौंदकर रख दिया।

इस युद्ध में बोनराड द रेड मारा गया, वहीं मेगयार के तीनों सेनापतियों को बंदी बना लिया गया।

ऐसा माना जाता है कि इस युद्ध में मेगयार सैन्यशक्ति पूरी तरह ध्वस्त हो गई और मेगयार हमलों का सिलसिला भी समाप्त हो गया।

बुलेसू, लेब और सुर के लिए यह आक्रमण महज लूटपाट का एक अवसर था। दूसरी तरफ, इस युद्ध ने दर्शाया कि नए सिरे से संगठित सीमा व्यवस्था के चलते जर्मनी के लोगों में जो एकजुटता आ गई थी, उसकी वजह से वे अपना बचाव करने में सफल हो सके।

❑

सिद्दी बैरानी का युद्ध
(1940 ई.)

यह प्रसिद्ध युद्ध इटली और ब्रिटेन के बीच 9 दिसंबर से 11 दिसंबर, 1940 को हुआ था। इस युद्ध में ब्रिटिश सेना का नेतृत्व जनरल वेवल तथा इटली की सेना का नेतृत्व जनरल ग्रेजियानी ने किया था। अपनी सामरिक विशेषताओं के फलस्वरूप ही ब्रिटेन को इस युद्ध में निर्णायक सफलता प्राप्त हुई थी।

इटली के शासक मुसोलिनी ने अपने सेनापति जनरल ग्रेजियानी को 15 सितंबर, 1940 को मिस्त्र की सीमा पर स्थित सिद्दी बैरानी नामक स्थान पर पहुँचने का आदेश दिया। इटली की सेना दो दलों में विभक्त होकर समुद्री किनारे पर स्थित सड़क के साथ-साथ आगे बढ़ने लगी। इटली की सेना ने बक-बक नामक स्थान पर अधिकार करने के साथ ही सिद्दी बैरानी की ओर बढ़ना जारी रखा।

इस दौरान ब्रिटिश सेना के साथ छोटी-छोटी झड़पें भी जारी रहीं और 17 सितंबर को सेना सिद्दी बैरानी तक पहुँचने में सफल हो गई।

जब ब्रिटिश सेना को इस बात का पता लगा तो उसने 20 अक्तूबर को इटली के विरुद्ध युद्ध की घोषणा कर दी। जनरल वेवल को रणनीति बनाने की जिम्मेदारी सौंपी गई। वेवल ने 9 तथा 10 दिसंबर की रात को इटली की सेना पर हमला करने की योजना बनाई।

9 दिसंबर, 1940 को सुबह लगभग 7 बजे ब्रिटिश सेना की सातवीं रॉयल टैंक रेजीमेंट तथा ग्यारहवीं भारतीय पैदल बिग्रेड ने आक्रमण का

अभियान अपनी गोलीबारी के साथ शुरू कर दिया। उस समय ब्रिटिश सेना के टैंक निबीवा की ओर आक्रमण करते हुए बढ़ रहे थे। इसके जवाब में इटली की सेना ने आगे की ओर बढ़े अपनी 37 एम.एस. गनों के द्वारा ब्रिटिश टैंकों पर प्रत्याक्रमण कर दिया।

बंदूकों के लगातार तीव्र प्रहार के बावजूद ब्रिटिश सेना के टैंक सुरक्षित दिखाई दिए तो इटली की सेना में हतोत्साह छा गया, जिसका परिणाम यह हुआ कि ब्रिटिश सेना के टैंकों ने अपना आगे बढ़ने का अभियान क्रमशः जारी रखा और लगभग 8.30 बजे सवेरे ही निबीवा पर अधिकार कर लिया।

इस विजित क्षेत्र में अधिकार जमाए रखने का उत्तरदायित्व ग्यारहवीं भारतीय पैदल ब्रिगेड को सौंपा गया। इस प्रथम आक्रमण में हालाँकि इटली की तोपों, टैंकों, मशीनगनों, हथगोलों तथा एंटी टैंक राइफलों ने जोरदार फायर किए, परंतु वे ब्रिटिश टैंकों को नष्ट करने में सफल नहीं हो पाए।

इस मुठभेड़ में इटली की सेना के जनरल पलेटी की भी मौत हो गई। इस प्रकार ब्रिटिश सेना को आक्रमण के प्रथम चरण में महत्त्वपूर्ण सफलता प्राप्त हुई।

अभियान के दूसरे चरण में ब्रिटिश सेना ने पश्चिमी तुम्मार को अपना लक्ष्य बनाया। इस काररवाई के लिए सातवीं रॉयल टैंक रेजीमेंट तथा पाँचवीं भारतीय पैदल ब्रिगेड को रखा गया।

तुम्मार के निकट दोपहर डेढ़ बजे ब्रिटिश सेना ने अपने टैंकों से फायर शुरू कर दिया तथा भारतीय पैदल ब्रिगेड ने जोरदार धावा बोल दिया। इस आक्रमण के सामने इटली की सेना नहीं टिक सकी। वह बुरी तरह लड़खड़ा गई और निबीवा की तरह पश्चिमी तुम्मार में भी ब्रिटिश सेना ने आसानी से सफलता प्राप्त कर ली।

उसकी सफलता का प्रमुख रहस्य यही था कि ब्रिटिश 'आई' टैंकों के सामने इटली के टैंक एवं सेना ठहर नहीं सकी और इटली की प्रतिरक्षाणात्मक व्यवस्था भी भंग हो गई। इस कारण इटली की सेना निराश हो गई थी।

पश्चिमी तुम्मार में सफलता प्राप्त करने के साथ ही ब्रिटिश सेना

की चौथी भारतीय डिवीजन के सेनापति को पूर्वी तुम्मार पर आक्रमण की जिम्मेदारी सौंपी गई। ब्रिटिश सेना की तोपों ने उत्तर की ओर से आग उगलनी आरंभ कर दी और वह तुम्मार पूर्व की सीमा में घुस गई।

इस प्रकार शाम ढलते-ढलते इस क्षेत्र पर ब्रिटेन का अधिकार हो गया। इटली के कैंप क्रमशः ब्रिटिश सेना के द्वारा ध्वस्त किए जाते रहे, जिससे इटली की सेना का उत्साह निरंतर गिरता गया।

पूर्वी तुम्मार में ब्रिटिश सेना के अधिकार के साथ ही चौथी भारतीय डिवीजन के सेनापति ने तोड़फोड़ एवं विनाश के आदेश प्रसारित कर दिए, जिसके परिणामस्वरूप सैनिकों ने इटली की प्रतिरक्षा-पंक्ति को उजाड़ना शुरू कर दिया। सिद्दी बैरानी से बक-बक की ओर जानेवाली सड़क को भी तोड़ दिया गया, ताकि सिद्दी बैरानी तथा मैकरिला की किलेबंदी में घिरी इटली की सेना को नष्ट किया जा सके और वह पीछे की ओर से भी कोई सैनिक सहायता प्राप्त न कर सके।

अंतिम अभियान के रूप में सिद्दी बैरानी के कैंप पर अधिकार करने की काररवाई आरंभ की गई। इस काररवाई में भी चौथी भारतीय डिवीजन की प्रमुख भूमिका रही। 10 दिसंबर, 1940 की अपराह्न 4.30 बजे ब्रिटिश सेना सिद्दी बैरानी की ओर बढ़ी, जिसमें सोलहवाँ ब्रिटिश पैदल ब्रिगेड भी शामिल था।

ब्रिटिश सेना ने अपने 'आई' टैंकों से आक्रमण आरंभ किया। दोनों पक्षों में जोरदार संघर्ष शुरू हो गया। इटली की सेना की सबसे बड़ी कमजोरी यही थी कि वह ब्रिटिश सेना की तोपों को रोकने तथा नष्ट करने में असमर्थ थी।

रात होते-होते ब्रिटिश सेना ने सिद्दी बैरानी के कैंप पर भी अपना अधिकार कर लिया। 11 दिसंबर को बक-बक तथा सोलुम के बीच इटली के 14 हजार सैनिक बंदी बना लिए गए। इस प्रकार इस युद्ध का अंत हो गया।

❑

खानवा का युद्ध
(1527 ई.)

यह प्रसिद्ध युद्ध मुगल शासक बाबर तथा मेवाड़ के राजदूत शासक चितौड़ नरेश राणा सांगा के मध्य लड़ा गया। राणा सांगा राजस्थान का विख्यात एवं शक्तिशाली योद्धा था, जिसने अनेक युद्धों में वीरता का परिचय दिया था जिसके कारण आसपास के मुसलिम शासक भी उसके शौर्य एवं शक्ति से भयभीत थे।

राणा सांगा ने सोचा था कि बाबर लोदी को पराजित करके तथा धन-दौलत लूटकर लौट जाएगा तो उसके शासन के लिए मार्ग प्रशस्त हो जाएगा, परंतु जब बाबर ने भारत में स्थायी तौर पर बस जाने का निश्चय किया तो राणा सांगा के सामने बाबर के विरुद्ध युद्ध करने के अतिरिक्त कोई उपाय ही नहीं बचा, जिसके परिणामस्वरूप इस युद्ध का आरंभ हुआ।

पानीपत के प्रथम युद्ध में सफलता के बाद बाबर की सेना ने कालपी, बयाना तथा धौलपुर पर अधिकार कर लिया, जो कि समझौते के आधार पर राणा सांगा के अधिकार क्षेत्र में थे। इस प्रकार दोनों के मध्य आपसी मतभेद बढ़ गए।

इसी समय बाबर ने अपने पुत्र हुमायूँ की कमान में एक विशाल सेना के द्वारा आगरा पर अधिकार जमा लिया, जिससे राणा सांगा और भी अधिक विरोधी बन गया। अतः उसने एक कूटनीतिक चाल चली जिसमें सुल्तान सिकंदर खाँ लोदी के पुत्र को दिल्ली सल्तनत का दावेदार घोषित कर दिया

तथा आक्रमण करके कँधेरी तथा बयाना के किलों पर अधिकार कर लिया, जिससे बाबर क्षुब्ध हो उठा।

उसने राणा सांगा के विरुद्ध युद्ध करने के लिए दाँव-पेच शुरू कर दिए। इस दौरान अलग-अलग कमानों में तीन बार राजपूतों की सेना को पराजित करने का जोरदार प्रयास बाबर द्वारा किए गए, परंतु उसे किसी भी अभियान में सफलता नहीं मिली।

17 मार्च, 1527 को राजपूत सेना द्वारा प्रातः साढ़े नौ बजे आक्रमण आरंभ हो गया जिसमें राजपूत अश्वारोही सेना ने मुगल सेना पर आक्रमण किया। जैसे ही जोर-शोर के साथ विशाल राजपूत सेना आगे बढ़ी, बाबर की सेना ने अपनी तोपों के द्वारा जोरदार फायर कर दिया जिससे निकलनेवाला बिजली सा प्रकाश राजपूत सेना ने पहली बार देखा।

इस प्रकाश के साथ ही विशाल पत्थर का गरम गोला विनाश करते हुए तेजी से गिरा। जिसका परिणाम यह हुआ कि राजपूत सैनिक आश्चर्यचकित तथा भयभीत हो गए कि इस गोले ने एक बार में ही अनेक सैनिक शहीद कर दिए।

राजपूतों की हाथी सेना में इन गोलों का बुरी तरह आतंक छा गया, फिर भी राजपूत सैनिक अपनी गौरवमयी परंपरा के साथ अपने लक्ष्य की ओर आगे बढ़ते रहे तथा बाबर की सेना के दोनों पार्श्वों पर अपना आक्रमण अभियान तेजी के साथ जारी रखा।

जब मुगलों की सेना पर दोनों ओर से दबाव बढ़ने लगा तो बाबर ने दोनों ओर नए सैनिकों को लगाया। परंतु राजपूत सेना बड़ी बहादुरी से उनका मुकाबला कर रही थी।

इसी दौरान बाबर ने मुस्तफा अली के नेतृत्व में अपने तोपखाने द्वारा राजपूत सेना पर फायर करने का आदेश दिया, जिससे युद्ध और भी भयंकर हो गया। बाबर ने स्वयं अपने अधीन सैनिकों सहित राजपूत सेना पर तेजी के साथ धावा बोल दिया तथा अपनी सेना की तोपों तथा दस्ती बंदूकों को भी आगे बढ़कर सामना करने के लिए लगाया।

दूसरी ओर बाबर का सामना करने के लिए स्वयं राणा सांगा तेजी के साथ आगे बढ़ा तभी गोली की भाँति एक तीर राजपूत सेनानायक राणा सांगा को घायल कर गया, जिससे वह वहीं मूर्च्छित हो गया।

राजपूत सैनिकों ने अपने धैर्य एवं साहस का सही परिचय दिया तथा राणा सांगा को युद्ध क्षेत्र से हटा लिया, ताकि उपचार किया जा सके।

राणा सांगा के गंभीर रूप से घायल होने के कारण अब राजपूत सेना की बागडोर सरदार झाला के हाथों में आ गई। जब इस बात का पता राजपूत सैनिकों को लगा तो वे और भी अधिक हतोत्साहित हो गए।

इसके बावजूद अपने प्राणों की बाजी लगाकर शत्रु का सामना करते रहे।

अंत में बाबर की सेना ने आगे बढ़कर राजपूत सैनिकों पर अपना प्रहार तीव्र कर दिया, जिससे राजपूत सैनिक पीछे हटने के लिए मजबूर हो गए।

सूरज ढलते-ढलते राजपूत सैनिक हताश होकर भागने लगे। बाबर की सेना ने बयाना, अलवर तथा मेवाड़ के राजपूत सैनिकों का पीछा किया तथा 5 किमी. दूर स्थित राणा सांगा के शिविर पर अपना अधिकार जमा लिया।

इस युद्ध के परिणामस्वरूप राजपूत शक्ति को एक गहरा आघात लगा तथा उसका विशाल संगठन छिन्न-भिन्न हो गया। इस संदर्भ में लेनपुल ने लिखा है—"खानवा का युद्ध राजपूतों के लिए इतना विनाशकारी सिद्ध हुआ कि शायद ही ऐसी कोई राजपूत जाति होगी जिसका योद्धा इस युद्ध में काम न आया हो।"

इस सफलता के साथ ही बाबर को पूर्ण रूप से उत्तरी भारत की ओर प्रसार करने का अवसर मिल गया क्योंकि राजपूतों की पराजय से उसे स्थिरता प्राप्त हो गई। रशाबुक विलियम्स ने लिखा है—"अब भाग्य की खोज में भटकने के बाबर के दिन समाप्त हो गए थे। उसका भाग्य जाग उठा था। अब उसे अपने आपको इस भाग्य के योग्य सिद्ध करना था।"

❑

सोमनाथ का युद्ध
(1026 ई.)

ग्यारहवीं शताब्दी के आरंभ में भारत की राजनीतिक अवस्था बड़ी दयनीय थी। देश छोटे-छोटे अनेक राज्यों तक रियासतों में बँटा हुआ था, जो आपसी ईर्ष्या के शिकार थे। उनमें राष्ट्रीय एकता तथा देशभक्ति की भावना का पूर्णतया अभाव था तथा मिलकर बाहरी आक्रमणकारियों का सामना करने की भावना भी शून्य थी।

इन परिस्थितियों का लाभ उठाकर गजनी के सुल्तान महमूद ने भारतीय शासकों एवं राज्यों पर अपना अधिकार जमाना आरंभ किया। महमूद ने राजसिंहासन पर बैठने से पहले भारत की विशाल धन-संपदा के किस्से सुने थे। अतः वह भारत के प्रति विशेष रूप से आकर्षित था। जब उसके राज्याधिकार को बगदाद के खलीफा ने स्वीकृति प्रदान कर दी तो उसका निश्चय और भी दृढ़ हो गया। उसने प्रतिज्ञा की कि वह प्रतिवर्ष भारत पर पूरी शक्ति से आक्रमण करेगा।

यही कारण है कि महमूद ने 1000 ई. से 1026 ई. के बीच भारत पर लगातार सत्रह बार आक्रमण किए और समस्त उत्तरी भारत को बुरी तरह रौंद डाला।

महमूद ने सर्वप्रथम 1000 ई. में भारत पर आक्रमण किया। उसने सिंधु नदी के पश्चिम प्रदेश में स्थित नगरों तथा किलों को लूटा। जीते हुए स्थानों पर अधिकार जमाकर वह वापस गजनी लौट गया।

महमूद ने दूसरा आक्रमण पुनः एक वर्ष बाद 1001 में लाहौर के

शासक जयपाल पर किया। पेशावर के निकट भीषण संघर्ष हुआ, परंतु सामरिक भूलों के चलते जयपाल को इस युद्ध में पराजित होना पड़ा।

इस सफलता के परिणामस्वरूप महमूद का साहस बहुत बढ़ गया तथा धन-प्राप्ति की लालसा ने उसे इस कार्य के लिए और भी अधिक प्रेरित किया। उसने तीसरा आक्रमण 1003 ई. में सिंधु नदी के पार झेलम के किनारे स्थित भेरा राज्य पर किया। यह राज्य उस समय विजय राय के अधिकार में था। इस युद्ध में अंततः महमूद को ही सफलता प्राप्त हुई।

महमूद ने चौथा आक्रमण 1006 ई. में मुल्तान पर किया। इस अभियान में भी उसे सफलता प्राप्त हुई। इसके बाद पाँचवें आक्रमण में महमूद ने (1007 ई.) नावासा शाह को पराजित किया। अपने छठे आक्रमण में महमूद ने 1008 ई. में लाहौर के राजा आनंदपाल को हराया।

लाहौर पर अधिकार करने के पश्चात् महमूद ने सातवाँ आक्रमण नगरकोट पर 1009 ई. में किया और इसमें उसे भारी धन-संपदा प्राप्त हुई। इसके बाद उसने लगातार आक्रमणों का सिलसिला शुरू कर दिया। उसने बारहवाँ आक्रमण 1018-19 में मथुरा और कन्नौज की विजय के उद्देश्य से किया और वह सफल भी हुआ। तेरहवाँ आक्रमण (1020 ई.) कालिंजर विजय के साथ समाप्त हुआ। इन आक्रमणों में सफलता प्राप्त करने के बाद लूटपाट करके महमूद जल्दी ही लौट जाता था।

1025 ई. में महमूद ने भारत के विख्यात मंदिर सोमनाथ पर आक्रमण करने का इरादा बनाया। यह मंदिर सौराष्ट्र में सरस्वती नदी के मुहाने के पास अरब सागर के तट पर स्थित था। इसमें हजारों पुजारी रहते थे। भारतीयों की दृष्टि में इस मंदिर का विशेष महत्त्व था। मंदिर का मंडप 56 रत्नजड़ित भारी-भारी स्तंभों पर आश्रित था।

6 जनवरी, 1026 को महमूद की सेना देलवाड़ा (गुजरात) से सोमनाथ के मंदिर को घेरने के लिए तेजी से आगे बढ़ी। उसने अपनी निर्धारित योजना के आधार पर कारवाई करना आरंभ कर दिया, जिससे उसके कुछ सैनिक दुर्ग के प्राचीर को तोड़कर आगे बढ़ गए।

इस दौरान अनेक मुठभेड़ें भी हुईं, जिनमें एक-दो बार तो महमूद की सेना को पीछे हटने के लिए मजबूर होना पड़ा, परंतु अपने दृढ़ इरादे के साथ ही राजपूतों की कमजोरियों का लाभ उठाते हुए महमूद ने अपना सैनिक अभियान जारी रखा।

इस बार की जोरदार काररवाई से उसके सैनिक सोमनाथ मंदिर की ओर बढ़ने में सफल हो गए। जिस समय महमूद की सेना मंदिर में प्रवेश कर रही थी, बहुत बड़ी संख्या में मंदिर के पुजारी तथा हिंदू जनता मंदिर की दीवार एवं छतों पर खड़ी होकर उपहासों तथा धमकियों द्वारा उसकी सेना का स्वागत कर रही थी।

ऐसी स्थिति में महमूद ने अपनी सेना को अपने धर्म की दुहाई दी तथा 'अल्लाह-हो-अकबर' के उद्घोष के साथ ही अपना आक्रमण जारी रखा। अपने तीरों की बौछारों से श्रद्धालुओं की लाशों के ढेर लगा दिए। लगभग पाँच हजार हिंदू सैनिक इस दौरान मारे गए।

मंदिर के पुजारी छत पर खड़े होकर तमाशा देख रहे थे कि मंदिर से भगवान शंकर स्वयं निकलकर अपने तीसरे नेत्र को खोलकर इन हमलावरों को नष्ट कर देंगे। महमूद की सेना ने गुप्त मार्ग से मंदिर में प्रवेश किया। महमूद ने अपनी गदा के द्वारा शिवलिंग के टुकड़े-टुकड़े कर दिए। मंदिर का समस्त धन एवं बहुमूल्य वस्तुएँ, मंदिर के विशाल दरवाजे सहित सारी संपदा लूटकर महमूद गजनी वापस लौट गया।

यह युद्ध सामरिक दृष्टिकोण से इतना महत्त्वपूर्ण नहीं रहा, जितना सामाजिक, राजनीतिक एवं सांस्कृतिक दृष्टिकोण से।

इस युद्ध ने यह प्रमाणित कर दिया कि कर्तव्य को छोड़कर केवल धार्मिक आस्था के आधार पर युद्धों में सुरक्षा या सफलता पाना कभी संभव नहीं हो सकता। यदि समस्त हिंदू राजाओं ने मिलकर इन आक्रमणकारियों का सामना किया होता तो महमूद अपने इस आक्रमण में कभी सफल नहीं हो सकता था।

❑

प्रथम विश्वयुद्ध
(1914 ई. से 1918 ई.)

1914 ई. से 1918 ई. के मध्य मुख्यतः यूरोप में व्याप्त इस महायुद्ध को प्रथम विश्वयुद्ध कहते हैं। यह महायुद्ध यूरोप, एशिया व अफ्रीका तीन महाद्वीपों और जल, थल तथा आकाश में लड़ा गया। इसमें भाग लेनेवाले देशों की संख्या, इसका क्षेत्र (जिसमें यह लड़ा गया) तथा इसमें हुई क्षति के अभूतपूर्व आँकड़ों के कारण ही इसे विश्वयुद्ध कहते हैं।

प्रथम विश्वयुद्ध लगभग 52 माह तक चला और उस समय की पीढ़ी के लिए यह जीवन की दृष्टि बदल देनेवाला अनुभव था। करीब आधी दुनिया हिंसा की चपेट में चली गई और इस दौरान अनुमानतः एक करोड़ लोगों की जान गई और इससे दोगुने घायल हो गए। इसके अलावा बीमारियों और कुपोषण जैसी घटनाओं से भी लाखों लोग मरे।

विश्वयुद्ध खत्म होते-होते चार बड़े साम्राज्य रूस, जर्मनी, ऑस्ट्रिया-हंगरी (हैप्सबर्ग) और उस्मानिया ढह गए। यूरोप की सीमाएँ फिर से निर्धारित हुईं और अमरीका निश्चित तौर पर एक महाशक्ति बनकर उभरा।

औद्योगिक क्रांति के कारण सभी बड़े देश ऐसे उपनिवेश चाहते थे जहाँ से वे कच्चा माल पा सकें तथा मशीनों से बनाई हुई वस्तुएँ बेच सकें। इस उद्देश्य की प्राप्ति के लिए सैनिक शक्ति बढ़ाई गई और गुप्त कूटनीतिक संधियाँ की गईं, इससे राष्ट्रों में अविश्वास और वैमनस्य बढ़ा और युद्ध अनिवार्य हो गया।

ऑस्ट्रिया के सिंहासन के उत्तराधिकारी आर्चड्यूक फर्डिनेंड और

उसकी पत्नी का वध इस युद्ध का तात्कालिक कारण था। यह घटना 28 जून, 1914 को सेराजेवो में हुई थी।

एक मास पश्चात् ऑस्ट्रिया ने सर्विया के विरुद्ध युद्ध घोषित किया। रूस, फ्रांस और ब्रिटेन ने सर्विया की सहायता की और जर्मनी ने ऑस्ट्रिया की। अगस्त में जापान ब्रिटेन आदि की ओर से और कुछ समय बाद टर्की जर्मनी की ओर से युद्ध में शामिल हुए।

यह महायुद्ध यूरोप, एशिया व अफ्रीका तीन महाद्वीपों और जल, थल तथा आकाश में लड़ा गया। प्रारंभ में जर्मनी की जीत हुई। 1917 में जर्मनी ने अनेक व्यापारी जहाजों को डुबोया।

इससे अमरीका ब्रिटेन की ओर से युद्ध में कूद पड़ा किंतु रूसी क्रांति के कारण रूस महायुद्ध से अलग हो गया। 1918 ई. में ब्रिटेन, फ्रांस और अमरीका ने जर्मनी आदि राष्ट्रों को पराजित किया। जर्मनी और ऑस्ट्रिया की प्रार्थना पर 11 नवंबर, 1918 को युद्ध की समाप्ति हुई।

इस महायुद्ध के अंतर्गत अनेक लड़ाइयाँ हुईं। इनमें से टेनेनबर्ग (26 से 31 अगस्त, 1914), मार्न (5 से 10 सितंबर, 1914), सरी बइर तथा सूवला खाड़ी (6 से 10 अगस्त, 1915), बर्दूं (21 फरवरी, 1916 से 20 अगस्त 1917, आमिऐं 18 से 11 अगस्त, 1918) एवं वित्तोरियो बेनेतो (23 से 29 अक्तूबर, 1980) इत्यादि की लड़ाइयों को अपेक्षाकृत अधिक महत्त्व दिया गया है।

जर्मनी द्वारा किए गए 1916 के आक्रमणों का प्रधान लक्ष्य बर्दूं था। महाद्वीप स्थित मित्र राष्ट्र की सेनाओं का विघटन करने के लिए फ्रांस पर आक्रमण करने की योजनानुसार जर्मनी की ओर से 21 फरवरी, 1916 को बर्दूं युद्धमाला का श्रीगणेश हुआ।

नौ जर्मन डिवीजन ने एक साथ मॉजेल नदी के दाहिने किनारे पर आक्रमण किया तथा प्रथम एवं द्वितीय युद्ध मोरचों पर अधिकार किया। फ्रेंच सेना इस चुनौती का सामना करने के लिए आगे बढ़ी। जर्मन सेना 26 फरवरी को बर्दूं की सीमा से केवल पाँच मील दूर रह गई।

कुछ दिनों तक घोर संग्राम हुआ। 15 मार्च तक जर्मन संग्राम शिथिल पड़ने लगा तथा फ्रांस को अपनी व्यूहरचना तथा रसद आदि की सुचारु व्यवस्था का अवसर मिल गया। म्यूज के पश्चिमी किनारे पर भी भीषण युद्ध छिड़ा, जो लगभग अप्रैल तक चलता रहा। मई के अंत में जर्मनी ने नदी के दोनों ओर आक्रमण किया तथा भीषण युद्ध के उपरांत 7 जून को वाक्स का किला लेने में सफलता प्राप्त की।

जर्मनी अब सफलता के शिखर पर था। फ्रेंच सैनिक मार्ट होने के दक्षिणी ढालू स्थलीय मोरचों पर डटे हुए थे। संघर्ष चलता रहा। ब्रिटिश सेना ने सॉम पर आक्रमण कर बर्दूं को छुटकारा दिलाया। जर्मनी का अंतिम आक्रमण 3 सितंबर को हुआ था। जनरल मैनगिन के नेतृत्व में फ्रांस ने प्रत्याक्रमण किया तथा अधिकांश खोए हुए स्थल विजित कर लिये।

20 अगस्त, 1917 के बर्दूं के अंतिम युद्ध के उपरांत जर्मनी के हाथ में केवल ल्यूमांट रह गया। युद्धों ने फ्रेंच सेना को शिथिल कर दिया था, जबकि आहत जर्मनों की संख्या लगभग तीन लाख थी और उसका जोश फीका पड़ गया था।

आमिएें के युद्धक्षेत्र में मुख्यत: मोर्चाबंदी अर्थात् खाइयों की लड़ाइयाँ हुईं। 21 मार्च से लगभग 20 अप्रैल तक जर्मन अपने मोरचे से बढ़कर अंग्रेजी सेना को लगभग 25 मील धकेलकर आमिएें के निकट ले आए। उनका उद्देश्य वहाँ से निकलनेवाली उस रेलवे लाइन पर अधिकार करना था, जो कैले बंदरगाह से पेरिस जाती है और जिससे अंग्रेजी सेना और सामान फ्रांस की सहायता के लिए पहुँचाया जाता था। इस लड़ाई में जर्मनों की इतनी क्षति हुई कि सूडेनडोर्फ ने इस दिन का नामकरण जर्मन सेना के लिए काला दिन किया।

वर्सोवा की संधि में जर्मनी पर कड़ी शर्तें लादी गईं। इसका बुरा परिणाम द्वितीय विश्वयुद्ध के रूप में प्रकट हुआ और राष्ट्रसंघ की स्थापना के प्रमुख उद्देश्य की पूर्ति न हो सकी।

❑

द्वितीय विश्वयुद्ध
(1939 ई. से 1945 ई.)

द्वितीय विश्वयुद्ध 1939 ई. से 1945 ई. तक चलनेवाला विश्वस्तरीय युद्ध था। लगभग 70 देशों की थल-जल-वायुसेनाएँ इस युद्ध में सम्मिलित थीं। इस युद्ध में विश्व दो भागों में बँटा हुआ था—मित्र राष्ट्र और धुरी राष्ट्र।

इस युद्ध के दौरान पूर्ण युद्ध का मनोभाव प्रचलन में आया क्योंकि इस युद्ध में लिप्त सारी महाशक्तियों ने अपनी आर्थिक, औद्योगिक तथा वैज्ञानिक क्षमता झोंक दी थी। इस युद्ध में विभिन्न राष्ट्रों के लगभग दस करोड़ सैनिकों ने हिस्सा लिया तथा यह मानव इतिहास का सबसे ज्यादा घातक युद्ध साबित हुआ।

इस महायुद्ध में पाँच से सात करोड़ व्यक्तियों की जानें गईं क्योंकि इसके महत्त्वपूर्ण घटनाक्रम में असैनिक नागरिकों का नरसंहार—जिसमें होलोकॉस्ट भी शामिल है तथा परमाणु हथियारों का इस्तेमाल शामिल है (जिसकी वजह से युद्ध के अंत में मित्र राष्ट्रों की जीत हुई)। इसी कारण यह मानव इतिहास का सबसे भयंकर युद्ध था।

हालाँकि जापान चीन से 1937 ई. से युद्ध की अवस्था में था किंतु अमूमन द्वितीय विश्वयुद्ध की शुरुआत 1 सितंबर, 1939 को हुई, जब जर्मनी ने पोलैंड पर हमला बोला और उसके बाद जब फ्रांस ने जर्मनी पर युद्ध की घोषणा कर दी तथा इंग्लैंड और अन्य राष्ट्रमंडल देशों ने भी इसका अनुमोदन किया।

जर्मनी ने 1939 में यूरोप में एक बड़ा साम्राज्य बनाने के उद्देश्य से

पोलैंड पर हमला बोल दिया। 1939 के अंत से 1941 की शुरुआत तक, अभियान तथा संधि की एक शृंखला में जर्मनी ने महाद्वीपीय यूरोप का एक बड़ा भाग या तो अपने अधीन कर लिया था या उसे जीत लिया था।

नात्सी-सोवियत समझौते के तहत सोवियत रूस अपने छह पड़ोसी मुल्कों, जिसमें पोलैंड भी शामिल था, पर काबिज हो गया, फ्रांस की हार के बाद ब्रिटेन और अन्य राष्ट्रमंडल देश ही धुरी राष्ट्रों से संघर्ष कर रहे थे, जिसमें उत्तरी अफ्रीका की लड़ाइयाँ तथा लंबी चली अटलांटिक की लड़ाई शामिल थी।

जून 1941 में यूरोपीय धुरी राष्ट्रों ने सोवियत संघ पर हमला बोल दिया। दिसंबर 1941 में जापानी साम्राज्य भी धुरी राष्ट्रों की तरफ से इस युद्ध में कूद गया। दरअसल जापान का उद्‌देश्य पूर्वी एशिया तथा इंडोचायना पर अपना प्रभुत्व स्थापित करना था।

उसने प्रशांत महासागर में यूरोपीय देशों के आधिपत्यवाले क्षेत्रों तथा अमरीका के पर्ल हार्बर पर हमला बोल दिया और जल्द ही पश्चिमी प्रशांत पर कब्जा बना लिया।

1942 में आगे बढ़ती धुरी सेना पर लगाम तब लगी जब पहले तो जापान सिलसिलेवार कई नौसैनिक झड़पें हारा, यूरोपीय धुरी ताकतें उत्तरी अफ्रीका में हारीं और निर्णायक मोड़ तब आया जब उनको स्तालिनग्राड में हार का मुँह देखना पड़ा।

1943 में जर्मनी पूर्वी यूरोप में कई झड़पें हारा, इटली में मित्र राष्ट्रों ने हमला बोल दिया तथा अमरीका ने प्रशांत महासागर में जीत दर्ज करनी शुरू कर दी, जिसके चलते धुरी राष्ट्रों को सारे मोरचों पर सामरिक दृष्टि से पीछे हटने की रणनीति अपनाने को मजबूर होना पड़ा।

1944 में जहाँ एक ओर पश्चिमी मित्र देशों ने जर्मनी द्वारा कब्जा किए हुए फ्रांस पर आक्रमण किया वहीं दूसरी ओर से सोवियत संघ ने अपनी खोई हुई जमीन वापस छीनने के बाद जर्मनी तथा उसके सहयोगी राष्ट्रों पर हमला बोल दिया।

1945 के अप्रैल-मई में सोवियत और पोलैंड की सेनाओं ने बर्लिन पर कब्जा कर लिया और यूरोप में द्वितीय विश्वयुद्ध का अंत 8 मई, 1945 को तब हुआ जब जर्मनी ने बिना शर्त आत्मसमर्पण कर दिया।

1944 और 1945 के दौरान अमरीका ने कई जगहों पर जापानी नौसेना को शिकस्त दी और पश्चिमी प्रशांत के कई द्वीपों पर अपना कब्जा बना लिया। जब जापानी द्वीप समूह पर हमला करने का वक्त करीब आया तो अमरीका ने जापान में दो परमाणु बम गिरा दिए।

15 अगस्त, 1945 को एशिया में भी द्वितीय विश्वयुद्ध समाप्त हो गया, जब जापानी साम्राज्य ने आत्मसमर्पण करना स्वीकार कर लिया।

1937 में चीन और जापान मार्को पोलो में आपस में लड़ रहे थे। उसी के बाद जापान ने चीन पर पूरी तरह से धावा बोल दिया। सोवियत संघ ने चीन को अपना पूरा समर्थन दिया, लेकिन जापानी सेना ने चीन की सेना को हराना शुरू कर दिया और उनकी राजधानी बीजिंग पर कब्जा कर लिया।

द्वितीय विश्वयुद्ध के पूर्व राष्ट्रीयता की भावना के कारण राष्ट्रसंघ पूरी तरह विफल हो चुका था। इसके परिणामस्वरूप राष्ट्रों में साम्राज्यवाद की लिप्सा जाग्रत् हो गई थी।

जर्मनी, जापान एवं इटली भी अपना क्षेत्र विस्तार करने के लिए उतावले थे। उसी दौरान एक अत्यंत प्रतिभाशाली तथा कूटनीतिज्ञ अधिनायक ने जर्मनी की बागडोर अपने हाथ में सँभाल ली थी। उस तानाशाह का नाम हिटलर था।

हिटलर ने वर्सोवा की संधि को समाप्त करके जर्मनी की शक्ति बढ़ानी शुरू कर दी, जिससे द्वितीय विश्वयुद्ध की पहल शुरू हो गई थी।

वर्ष 1930 की आर्थिक मंदी ने उपनिवेशविहिन राज्यों को एकदम खोखला कर दिया था, जिससे प्रभावित होकर राष्ट्रों ने आक्रमक नीति अपनानी शुरू कर दी थी। इसके साथ ही यूरोपीय राष्ट्रों ने जो तुष्टीकरण की नीति अपनाई, उससे आक्रमणकारी राष्ट्रों को बढ़ावा मिला और द्वितीय विश्वयुद्ध के लिए अनुकूल माहौल तैयार हो गया।

❑

झेलम का युद्ध
(326 ई.पू.)

झेलम का युद्ध यूनान के प्रसिद्ध सेनानायक सिकंदर महान् तथा भारतीय सेनानायक पोरस के मध्य 326 ई.पू. में झेलम नदी के निकट लड़ा गया। बचपन से ही युद्ध-प्रेमी तथा विश्व-विजयी बनने की प्रबल इच्छा रखनेवाला सिकंदर अपने अभियान के लिए निकला तो उसे फारस, अफगान, तुर्की आदि देशों को पराजित करने में सफलता मिली। इसी क्रम में वह भारत की सीमा में भी प्रवेश कर गया।

सर्वप्रथम सिकंदर ने तक्षशिला के शासक आंभी को युद्ध किए बिना ही आत्मसमर्पण करने के लिए मजबूर किया, जिसमें उसे न केवल सफलता मिली, बल्कि आगे युद्ध करने के लिए सहयोग भी प्राप्त हुआ।

राजा आंभी ने पोरस से बदला लेने के लिए सिकंदर की हर संभव सहायता की। इसका लाभ उठाते हुए सिकंदर ने पोरस को भी आत्मसमर्पण के लिए बाध्य किया। परंतु उसकी रगों में राष्ट्र-प्रेम एवं बलिदान की भावना बह रही थी, अत: उसने सिकंदर के आत्मसमर्पण के प्रस्ताव को ठुकराते हुए लड़ने का निश्चय किया।

इस प्रकार दोनों सेनानायकों के बीच युद्ध की तैयारी शुरू हो गई। नदी के कारण कुछ समय तक सिकंदर को युद्ध का इंतजार करना पड़ा, क्योंकि वह आकस्मिक आक्रमण द्वारा शत्रु को विस्मय में डालकर प्राप्त करना चाहता था।

दोनों ही सेनाओं की शक्ति के संदर्भ में विद्वानों में मतभेद हैं, परंतु

इतना निश्चित है कि सिकंदर की तुलना में पोरस की सेना की शक्ति कम थी। सिकंदर की सेना के पास कवचित अश्वारोहियों, युद्ध तंत्र तथा श्रेष्ठ संगठन फैलेंक्स का ठोस आधार था।

विश्व-विजय अभियान एवं सफलता के कारण जहाँ उसकी सेना का मनोबल अधिक ऊँचा था, वहाँ उसके सैनिक भी अत्यंत अभ्यस्त एवं शिक्षित थे, जबकि पोरस की सेना 'चतुरंग बल' पर ही आधारित थी।

पोरस ने शत्रु का सामना करने के लिए सबसे आगे अपनी हाथी सेना को तैनात किया था। इसके पीछे पैदल सैनिक अपने धनुष-बाण लिये खड़े थे। दोनों पार्श्वों में आगे की ओर रथ सेना तथा उनके पीछे अश्वारोही सेना को संगठित किया था।

जब सिकंदर ने पोरस की सेना का यह समरतांत्रिक फैलाव देखा तो वह भयभीत हो गया। अत: उसने आकस्मिक आक्रमण की योजना बनाई। सिकंदर के सामने नदी पार करना एक समस्या थी कि यदि वह शत्रु की सेना के सामने से पार करेगा तो पार करते ही सेना पर शत्रु का जवाबी प्रहार हो जाएगा।

अत: शत्रु को विस्मय में डालकर काररवाई करने के लिए वह गुप्त स्थान से नदी पार करने का प्रयास करता रहा। दूसरी ओर पोरस ने समझा कि अब शत्रु की सेना नदी पार करने से घबरा रही है, अत: उसने अपनी सामरिक तैयारी में भी उदासीनता दिखाई।

आखिरकार सिकंदर को लगभग 17 मील दूर उत्तर की ओर ऐसा एक स्थान प्राप्त हो गया और उसने बेखबर पोरस की सेना पर आक्रमण करने का इरादा कर लिया। भाग्यवश सेना के पार करते ही भीषण बरसात भी आरंभ हो गई।

सिकंदर ने नदी के उस पार पोरस की सेना के सामने अपनी सेना के एक दल को वहीं बनाए रखा, ताकि शत्रु को वहाँ उसकी उपस्थिति का आभास होता रहे। उसने यह सैनिक टुकड़ी अपने सेनापति क्रेटरस को सौंपी थी। सिकंदर नदी पार करने के स्थान से दक्षिण की ओर बढ़ा, जहाँ पोरस की सेना पहले ही तैनात थी।

जब सिकंदर की सेना नदी पार करके आगे की ओर बढ़ने लगी तो इसकी खबर पोरस को लग गई। उसने समझा कि थोड़ी संख्या में धोखे से शत्रु की सेना आ गई होगी क्योंकि उसे केटरस के नेतृत्ववाला सैनिक पड़ाव दिखाई दे रहा था। अत: उसने अपने पुत्र के नेतृत्व में एक हजार अश्वारोही और 60 रथ सैनिकों को इसका सामना करने के लिए भेज दिया।

किंतु सिकंदर की सेना के सामने यह सेना क्षण भर में ही छिन्न-भिन्न कर दी गई, जिसमें पोरस का पुत्र एवं अनेक सैनिक मारे गए तथा शेष सेना भागकर पोरस के पास पहुँच गई। इस प्रथम मुठभेड़ में सिकंदर की अश्वारोही सेना ने पोरस की सेना को पृष्ठ तथा पार्श्व से अपना शिकार बनाया।

पोरस ने सिकंदर का सामना करने के लिए जैसी ही अपनी सेना को आगे बढ़ाया, सिकंदर की तीव्र गतिवाली अश्वारोही सेना ने बाईं ओर से पृष्ठ भाग पर आक्रमण कर दिया। इस प्रकार दोनों के मध्य जोरदार संघर्ष शुरू हो गया।

जिस समय यह संघर्ष चल रहा था, क्रेटरस के नेतृत्ववाले अश्वारोही दल ने सामने से नदी पार कर ली तथा पोरस के बाएँ पार्श्व पर पीछे से आक्रमण शुरू कर दिया। उधर, पोरस की सेना के हाथी जैसे ही आगे बढ़े, वे फैलेंक्स के भालों के प्रहार से वापस लौटने को मजबूर हो गए तथा रथ सेना भी बरसात के कारण तेजी के साथ आगे बढ़ने में असमर्थ हो गई।

पैदल सेना के धनुष इतने बड़े थे कि उन्हें जमीन पर टेककर चलाना पड़ता था। कीचड़ के कारण धनुष-बाण भी कामयाब नहीं हो पाए। इस प्रकार भारतीय सेना केवल अपने उत्साह एवं मनोबल के द्वारा युद्ध तो लड़ती रही, परंतु शत्रु को सही टक्कर देने में असमर्थ रही।

पोरस की सेना चारों तरफ से घिर चुकी थी तथा उसकी समरतांत्रिक चालें निष्क्रिय हो गई थीं। अंतत: विवश भारतीय नरेश घायल होकर गिर पड़ा तो सिकंदर के सैनिकों ने उसे बंदी बना लिया।

बंदी बनाने के बाद सिकंदर ने पोरस से पूछा, "तुम्हारे साथ कैसा व्यवहार किया जाए?"

पोरस ने बड़ी गंभीरता से कहा, ''जैसा एक राजा अपने शत्रु राजा के साथ व्यवहार करता है।'' सिकंदर इस बात से इतना प्रभावित हुआ कि उसने पोरस का राज्य ही नहीं, अपितु उसको सिंध एवं झेलम के अन्य विजित राज्यों को सौंपकर अपना मित्र बना लिया।

इस सफलता ने सिकंदर के विजय-अभियान को एक नवीन दिशा प्रदान की। इसके साथ ही सिकंदर भारतीय सेना के शौर्य, पराक्रम एवं बलिदान की भावना से प्रेरित होकर आगे बढ़ने से रुक गया और वापस लौट गया।

❑

पोलतावा का युद्ध
(1709 ई.)

पोलतावा का युद्ध 27 जून, 1709 को हुआ था, जिसमें रूस के शासक पीटर प्रथम ने स्वीडन के शासक चार्ल्स द्वादश को निर्णायक रूप से पराजित किया था। इस युद्ध के साथ ही महाशक्ति के रूप में स्वीडन की प्रतिष्ठा धूल में मिल गई थी और पूर्वी यूरोप में रूस के दबदबे की शुरुआत हुई थी।

यूक्रेन में वोर्स्कला नदी के पश्चिमी किनारे में पोलतावा के उत्तरी और पश्चिमी इलाके में यह युद्ध लड़ा गया। पीटर प्रथम की सेना में 80,000 सैनिक थे। वहीं चार्ल्स द्वादश 17,000 सैनिकों का नेतृत्व कर रहा था।

इससे पहले शीतकाल में स्वीडन ने जब रूस पर हमला किया था तो उसे नाकाम होना पड़ा था और उसकी एक अहम सैन्य टुकड़ी नष्ट हो गई थी। स्वीडन की सेना को सही समय पर जरूरी सहायता भी नहीं मिल पाई थी।

सैनिकों की तादाद कम होने और हथियारों की किल्लत के बावजूद चार्ल्स द्वादश ने संघर्ष को जारी रखने का निर्णय लिया था। उसने मई 1709 में पोलतावा पर कब्जा कर लिया था।

रूसी सेना पोलतावा को मुक्त कराने के लिए एकजुट हुई थी। रूस की सेना ने स्वीडन की सेना पर धावा बोल दिया था। चार्ल्स ने रूस की प्रमुख रक्षापंक्ति पर आक्रमण करने की योजना बनाई थी। इसके लिए तीव्रता के साथ आगे बढ़ना जरूरी था। लेकिन चार्ल्स स्वयं तेजी से आगे नहीं बढ़

सकता था, चूँकि कुछ दिन पहले वह घायल हो गया था।

चार्ल्स के सेनापति उसकी रणनीति को अच्छी तरह समझ पाने में असमर्थ थे और वे चार्ल्स की तरह शूरवीर भी नहीं थे। स्वीडन की सेना को बुरी तरह पराजय का सामना करना पड़ा। रूसी सेना ने स्वीडन की सेना को बुरी तरह रौंद डाला था।

किसी तरह चार्ल्स जान बचाकर 1500 सैनिकों के साथ तुर्की क्षेत्र की दक्षिण दिशा में भागने में सफल हुआ था।

जब भी निर्णायक युद्धों की चर्चा की जाती है तो पोलतावा युद्ध का उल्लेख अनिवार्य तौर पर किया जाता है, चूँकि इस युद्ध के साथ ही रूस महाशक्ति के रूप में उभरकर सामने आया था।

इस युद्ध में पीटर की विजय के कारण रूस यूरोप के साथ महज भौगोलिक रूप से ही नहीं, बल्कि सांस्कृतिक रूप से भी जुड़ गया था।

अगर सामरिक दृष्टिकोण से देखा जाए तो पोलतावा युद्ध उतना महत्त्वपूर्ण प्रतीत नहीं होता। यह युद्ध रूस के अंदरूनी इलाके में लड़ा गया था, जहाँ पीटर ने परंपरागत रूसी रणनीति का प्रयोग करते हुए शत्रु की सेना को घेर लिया था और प्रतिकूल मौसम के चलते शत्रु के दुर्बल होने का लाभ उठाया था।

स्वीडन की सेना अत्यधिक आत्मविश्वास के चलते रूस के अंदर तक घुसती चली गई थी और वह पीटर की व्यूहरचना को ठीक से समझ नहीं पाई थी।

अगर नेतृत्व, संचार और नियंत्रण के दृष्टिकोण से पड़ताल की जाए तो स्वीडन की सेना पूरी तरह अनुशासित सेना थी। चार्ल्स और जनरल रेंसजोल्ड ने ताकतवर सैन्य तंत्र का गठन किया था।

स्वीडन की सेना को युद्ध के मैदान में एकजुट होकर लड़ने का सख्त आदेश दिया गया था, लेकिन सैनिकों को युद्ध की पूरी योजना नहीं बताई गई थी। इतिहासकार बेंगस्टोन का कहना है कि केवल चार्ल्स और टेंसजोल्ड को ही युद्ध की पूरी योजना की जानकारी थी।

इतिहासकार फुलर का कहना है कि स्वीडन की सेना में ऊपर से नीचे तक तालमेल का अभाव था, जिसकी वजह से उसे शोचनीय पराजय का सामना करना पड़ा।

दूसरी तरफ स्वीडन की सेना पर दबाव बनाने के लिए पीटर ने प्रभावशाली तरीके से व्यूह-रचना की थी। वह तीव्रता के साथ मार्ग में अवरोधक का निर्माण करता था, जिससे स्वीडन की सेना अलग-थलग पड़ जाती थी।

पीटर महज कुशल सैन्य कमांडर ही नहीं था, बल्कि वह एक दक्ष प्रशासक भी था। पोलतावा के युद्ध में जिस सेना की सहायता से उसने विजय हासिल की थी, उस सेना का गठन उसने स्वयं अपनी देख-रेख में किया था। वर्ष 1700 में नारवा के युद्ध में पराजित होने के बाद पीटर ने एक नए सिरे से शक्तिशाली सेना का गठन किया था।

चार्ल्स यही सोच रहा था कि नारवा के युद्ध में पराजय का स्वाद चखनेवाली पीटर की सेना युद्ध के मैदान में साहसपूर्वक लड़ नहीं पाएगी और स्वीडन की सेना आसानी से जीत हासिल कर लेगी।

चार्ल्स ने योजना बनाई थी कि उसकी सेना सीमा के मोरचे को तोड़कर मैदानी इलाके में पहुँच जाएगी, जहाँ पीटर की सेना को घर में ही घुसकर पराजित करना आसान हो जाएगा। मगर चार्ल्स इस बात का अंदाजा नहीं लगा पाया कि पीटर के पास अश्वारोहियों की ताकतवर फौज थी। पीटर ने आसानी के साथ अपनी सेना का नेतृत्व करते हुए स्वीडन की सेना को आत्मसमर्पण के लिए मजबूर कर दिया था।

❑

सेडान का युद्ध
(1870 ई.)

जुलाई 1870 के आरंभ में फ्रांस-प्रुसिया युद्ध की शुरुआती झड़पों के दौरान पूर्व में बेहतर शस्त्रों से सज्जित और प्रशिक्षित प्रुसिया के सैनिक फ्रेंच सेना को पछाड़ते रहे थे। 1 अगस्त को ग्रेवलोट में शिकस्त खाने के बाद मार्शल फ्रेंसियस एचिल बजाइन की सैनिक टुकड़ी मेत्ज पहुँच गई, जहाँ तुरंत प्रुसिया की सेना ने उस टुकड़ी को घेर लिया।

इस संकट की सूचना पाकर सम्राट् नेपोलियन तृतीय मार्शल पैट्रिक द मैकमोहन के नेतृत्ववाली सेना के साथ उत्तर की दिशा में बढ़ा। वह पूर्वोत्तर में बेल्जियम की तरफ बढ़ने के बाद दक्षिण में मुड़कर बजाइन के पास पहुँचना चाहता था।

खराब मौसम और दुर्गम मार्ग पर चलते हुए मैकमोहन के नेतृत्ववाली सेना बुरी तरह थक गई। फ्रेंच सेना के आगे बढ़ने की खबर पाकर खुफिया के कमांडर फील्ड मार्शल हेलमुथ वोन मोलटके ने अपनी सेना को मुकाबला करने का आदेश दिया।

ब्यूमोह की लड़ाई में 30 अगस्त को प्रिंस जार्ज ऑफ सेक्सोनी की अगुवाई में प्रुसिया की सेना ने हमला करते हुए फ्रेंच सेना को पराजित कर दिया। इस नाकामी से उबरने की उम्मीद को लेकर मैकमोहन अपनी सेना को लेकर दुर्गों के शहर सेडान में पहुँच गया। बचाव के दृष्टिकोण से फ्रेंच सैन्य प्राधिकारी ने गलत स्थान का चुनाव किया था।

फ्रेंच सेना को रौंद डालने का सुनहरा अवसर सामने देखकर मोलटके

ने कहा, ''हमने उन्हें चूहेदानी में फँसा दिया है।'' उसने सैनिकों को सेडान में घुसकर फ्रेंच सेना पर आक्रमण करने का आदेश दिया। वहीं, अतिरिक्त सैनिकों को उसने पश्चिम और उत्तर दिशा से शहर को घेरने का आदेश दिया।

1 सितंबर की सुबह बावेरियाई सेना जनरल लुडविग बोन डेट टान के नेतृत्व में म्यूज नदी को पारकर बजाइल्स नामक स्थान की तरफ बढ़ी। इस स्थान पर फ्रेंच सेना की टुकड़ी का नेतृत्व जनरल बर्थेलेमी लेबरून कर रहा था। दोनों पक्षों में युद्ध छिड़ गया और जल्द ही फ्रेंच सेना की स्थिति दयनीय हो गई। उसकी रक्षापंक्ति टूट चुकी थी।

युद्ध के आरंभ में जब मैकमोहन घायल हो गया तो फ्रेंच सेना का नेतृत्व जनरल अगस्त अलेक्जेंडर डुक्रोट सँभालने लगा। उसने अपनी सेना को सेडान से बाहर निकलने का आदेश दिया। अगर यह आदेश सुबह ही दिया गया होता तो फ्रेंच सेना के लिए भाग निकलना आसान हो सकता था, मगर उस समय तक प्रुसिया की सेना ने सेडान को चारों तरफ से घेर लिया था।

डुक्रोट के आदेश को उस समय निरस्त कर दिया गया, जब जनरल इमान्युअल फेलिक्स द विंफेन वहाँ पहुँच गया। डुक्रोट को पद से हटाते हुए विंफेन ने सेना के पीछे हटने के आदेश को रद्द करते हुए लड़ाई जारी रखने का फैसला किया।

निर्णय लेने में जिस तरह दुविधा की स्थिति रही और जिस तरह परस्पर विरोधी आदेश दिए गए, उसकी वजह से फ्रेंच सेना की रक्षा कमजोर होती गई। सुबह 9 बजे बेजाइल्स के उत्तर से लेकर गिवोन तक युद्ध छिड़ा हुआ था। प्रुसिया की सेना आगे बढ़ती जा रही थी।

फ्रेंच सेना की दो रेजीमेंट ने जी-जान लगाकर प्रत्याक्रमण किया और कुछ हद तक शत्रु की सेना को पीछे की तरफ धकेलने में कामयाब भी हुई। लेकिन जल्द ही सैक्सन, बावेरियाई और प्रुसियाई सैनिकों ने करारा जवाब देना शुरू कर दिया। बमों और गोलियों की बारिश करते हुए प्रुसिया की सेना ने फ्रेंच की सेना की परेशानी बढ़ा दी।

बेजाइल्स से फ्रेंच सैनिकों को जान बचाकर भागना पड़ा। गिवोन क्षेत्र के

कई स्थानों से खदेड़े जाने पर फ्रेंच सेना ने पश्चिम की तरफ मोरचाबंदी की।

सुबह के वक्त फ्रेंच सेना गिवोन इलाके में लड़ने में लगी हुई थी, वहीं प्रिंस फ्रेडरिक के नेतृत्व में प्रुसिया की सेना ने सेडान को चारों तरफ से घेर लिया। सुबह 7:30 बजे म्यूज नदी को पार कर प्रुसिया की सेना उत्तर की दिशा में बढ़ी, प्रुसिया की सेना ने अचानक फ्रेंच सेना पर हमला बोल दिया।

फ्रेंच सेना के अश्वारोहियों ने हमले का सामना करने की कोशिश की, मगर प्रुसिया के सैनिकों ने गोलियों की वर्षा कर उनके हौसलों को पस्त कर दिया।

दोपहर तक प्रुसिया की सेना ने फ्रेंच सेना को बंदी बना लिया और जीत हासिल कर ली।

जब कोई चारा नहीं रह गया, तब दोपहर के वक्त नेपोलियन ने सफेद झंडा लहराकर आत्मसमर्पण करने का आदेश दे दिया। फ्रेंच सेना का नेतृत्व कर रहे विंफ्रेन ने इस आदेश को मानने से इनकार कर दिया और बहादुरी के साथ लड़ाई जारी रखने का फैसला किया।

नेपोलियन ने जब देखा कि उसके आदेश का पालन नहीं किया गया है तो उसने स्वयं दोपहर बाद शत्रु के साथ आत्मसमर्पण के मसले पर बातचीत शुरू कर दी। अगली सुबह नेपोलियन ने अपनी समूची सेना के साथ आधिकारिक रूप से आत्मसमर्पण कर दिया।

इस युद्ध में 17 हजार फ्रेंच सैनिक मारे गए और 21 हजार सैनिक बंदी बनाए गए। दूसरी तरफ 2320 प्रुसियन सैनिक इस युद्ध में मारे गए।

❑

मिडवे का युद्ध
(1942 ई.)

पर्ल हार्बर पर हमले के छह महीने बाद अमरीका ने द्वितीय विश्वयुद्ध के एक सर्वाधिक निर्णायक जल-युद्ध में जापान को पराजित कर दिया। इस जीत का श्रेय कूट संदेश को पढ़ने में मिली सफलता को भी दिया जाता है, जिसके कारण अमरीका पहले से ही सतर्क हो गया और अपने बचे हुए विमान पोतों पर होनेवाले जापान के सुनियोजित आक्रमण का असरदार तरीके से सामना कर पाया।

इस युद्ध में निर्णायक जीत हासिल करने के बाद प्रशांत क्षेत्र में अमरीका और उसके मित्र राष्ट्रों का दबदबा बढ़ता चला गया।

पर्ल हार्बर पर किए गए हमले के बाद भी अमरीका के जो विमानवाहक पोत बचे रह गए थे, जापान उन पोतों को नष्ट कर देना चाहता था। जापान और अमरीका के बीच यह संघर्ष उत्तर-मध्य प्रशांत महासागर में हुआ।

जापानी बेड़े का कमांडर एडमिरल यामातोतो इसोरोकू पर्ल हार्बर के पास एक लक्ष्य पर हमला करना चाहता था, ताकि अमरीकी बेड़े को सामने आने के लिए मजबूर किया जा सके।

इसोरोकू की योजना थी कि जैसे ही अमरीका प्रत्याक्रमण करने की कोशिश करेगा, जापानी सेना अमरीकी बेड़े पर टूट पड़ेगी।

लेकिन अमरीकी खुफिया एजेंसी को एक बड़ी सफलता हाथ लग गई। उसने जापानी नौसेना के कूट संदेश का अर्थ समझ लिया। कूट संदेश को पढ़ने के बाद प्रशांत क्षेत्र में अमरीकी बेड़े के कमांडर एडमिरल चेस्टर

डब्ल्यू. निमित्ज हवाई हमले को रोकने के लिए युद्धपोतों को तैनात कर दिया।

एडमिरल निमित्ज ने मिडवे द्वीप पर किए जानेवाले अपने हवाई हमले को रोकने के लिए युद्धपोतों को तैनात कर दिया।

गौरतलब है कि मिडवे के युद्ध से छह महीने पहले 7 दिसंबर, 1941 को पर्ल हार्बर पर हमले के दो घंटे बाद ही जापान ने मिडवे द्वीप पर बम बरसाए थे।

मिडवे के युद्ध में अमरीकी खुफिया विभाग ने निर्णायक योगदान किया और खुफिया विभाग की सूझ-बूझ के कारण ही अमरीका इस युद्ध में जापान को पराजित कर पाया। वास्तविक संघर्ष से कई सप्ताह पहले ही अमरीका ने अपनी तरफ से जापानी हमले को नाकाम करने की तैयारी शुरू कर दी थी।

प्रशांत क्षेत्र में अमरीकी रेडियो तंत्र की सहायता से एडमिरल योसोरोकू के ऐसे कई आदेशों को रिकॉर्ड किया गया, जो उसने हमले की तैयारी के लिए अपने नौसैनिकों को दिए थे।

2 मई को रिकॉर्ड किए गए एक आदेश से अमरीकी खुफिया विभाग को पता चला कि जापानी जलसेना किसी बड़े हमले की तैयारी कर रही थी। फिर 16 मई को रिकॉर्ड किए गए कूट संदेश से युद्ध के दिन की स्थिति और जापानी विमानवाहक पोतों की रणनीति के बारे में पता चला।

एडमिरल निमित्ज ने मुकाबला करने की ठोस रणनीति बनाई। उसने खुफिया विभाग की जानकारियों के आधार पर जापानी हमलों को नाकाम करने की पूरी तैयारी कर ली।

जिन स्थानों पर हमले की आशंका जताई गई थी, उन स्थानों पर अमरीकी सैनिकों को तैनात कर दिया गया था।

अमरीकी सैनिकों ने 4 जून की सुबह जापानी विमानों को उड़ते हुए देखा। मिडवे में स्थित अमरीकी लड़ाकू विमानों से जो शुरुआती हमले किए गए, उससे जापानी सेना को कोई नुकसान नहीं हुआ। लेकिन कैरियर आधारित अमरीकी विमानों ने युद्ध की दिशा बदलकर रख दी।

अमरीकी डाइव बॉम्बर विमानों में टोरपेडो बमवर्षक विमान जुदा हो गए और कुल 42 विमानों में 36 विमानों को जापानी नौसैनिकों ने मार गिराया। लेकिन इन विमानों ने जापानी रक्षापंक्ति का ध्यान बँटाने का काम बखूबी किया।

इतनी देर में डाइव-बमवर्षक विमान पहुँच चुके थे। इनमें से कुछ विमानों को मार गिराया गया। मगर अब अमरीकी नौसेना को सुनहरा मौका मिल गया था।

जापानी विमानवाहक पोतों पर विमानों में ईंधन डालने और बम रखने की प्रक्रिया चल रही थी। उसी समय अमरीकी नौसेना ने हमला कर जापान के चार विमानवाहक पोतों को पूरी तरह नष्ट कर दिया।

इस हमले में चार पोतों के साथ-साथ जापान के 322 विमानों को नष्ट किया गया और लगभग पाँच हजार जापानी नौसैनिक मारे गए।

अमरीका ने इस युद्ध में 147 विमानों को खोया था और उसके तीन सौ से अधिक नौसैनिक मारे गए थे।

कुछ इतिहासकार मिडवे युद्ध को प्रशांत क्षेत्र में निर्णायक मोड़ मानते हैं। इस युद्ध में जहाँ जापान का दबदबा समाप्त हो गया, वहीं अमरीका को सीधे टोक्यो पर हमला करने का मौका मिल गया।

❑

पानीपत का प्रथम युद्ध
(1526 ई.)

दिल्ली के सुल्तान इब्राहीम लोदी एवं मुगल शासक बाबर के मध्य 21 अप्रैल, 1526 को पानीपत (हरियाणा) के मैदान में युद्ध हुआ था। इस युद्ध के साथ ही मुगल साम्राज्य का भारत में प्रसार आरंभ हो गया था। बाबर का वास्तविक नाम मुहम्मद जहीरुद्दीन था। उसका जन्म फरगाना के शासक उमर शेख के यहाँ 1483 ई. में हुआ। वह पिता की ओर से तैमूर और माता की ओर से चंगेज खान के वंश से संबंध रखता था। इस प्रकार बाबर की नसों में मध्य एशिया के दो विख्यात क्रूर वंशों के रक्त का मिश्रण था।

उसने 11 वर्ष की अवस्था में ही राज्य प्रबंध का भार उठाना आरंभ कर दिया था। इसके बाद संघर्षों से जूझते हुए बाबर ने काबुल पर अपना अधिकार कर लिया। काबुल का शासक बन जाने के बाद उसने खोए हुए प्रदेशों को पाने के लिए अनेक प्रयास किए, परंतु भाग्य ने उसका साथ नहीं दिया। हर बार उसे असफलता ही हाथ लगी। विजय लालसा के लिए उसने भारत की ओर अपने कदम बढ़ाए। परिणामस्वरूप उसने 1519 और 1524 ई. के दौरान चार बार सिंध पार करके पंजाब पर आक्रमण किया, परंतु लाहौर से आगे बढ़ने में सफल नहीं हो सका।

जिस समय बाबर ने भारत पर आक्रमण की योजना बनाई उस समय भारत अस्थिरता एवं अराजकता के वातावरण से गुजर रहा था। आपसी मतभेदों एवं क्षणिक स्वार्थों ने दिल्ली शासन की जड़ों को खोखला कर दिया था।

1451 ई. में बहलोल खाँ लोदी दिल्ली का सुल्तान बना। उसकी मृत्यु के बाद 1489 ई. में उसके पुत्र सिकंदर लोदी ने दिल्ली की बागडोर सँभाली। नवंबर 1517 में सुल्तान की मृत्यु के बाद उसका पुत्र इब्राहीम खाँ लोदी दिल्ली के सिंहासन पर बैठा।

1526 ई. में उसका बाबर के विरुद्ध पानीपत के मैदान में एक ऐतिहासिक एवं महत्त्वपूर्ण संग्राम हुआ। परंतु इस युद्ध के अंत में वह मारा गया और भारत में मुगल शासन की आधारशिला रखी गई।

5 जनवरी, 1526 को बाबर अपनी सेना सहित दिल्ली पर आक्रमण करने के इरादे से आगे बढ़ा। इसी दौरान बाबर को पता लगा कि सुल्तान इब्राहीम लोदी ने हिसार के शेखदार हमीद खाँ को मुठभेड़ के लिए भेजा है, तो उसने मुकाबला करने के लिए अपने पुत्र हुमायूँ को मैदान में भेजा।

हुमायूँ ने अपने विशिष्ट सरदारों के सहयोग से 25 फरवरी, 1526 को अंबाला में हमीद खाँ को पराजित करके उसकी शेखदारी प्राप्त कर ली। इस सफलता को शुभ मानकर बाबर ने अपनी सेना का पड़ाव अंबाला के निकट शाहाबाद में डाल दिया था।

सुल्तान इब्राहीम लोदी की स्थिति का पता लगाने के लिए बाबर ने अपने जासूसों को भेजा जिससे ज्ञात हुआ कि सुल्तान की सेना का एक दल दौलत खाँ लोदी के नेतृत्व में उसका सामना करने के लिए आ रहा है।

इससे निबटने के लिए बाबर ने अपनी सेना की एक टुकड़ी मेंहदी ख्वाजा के नेतृत्व में सामने की ओर लगा दी। इस अभियान में भी बाबर की सेना को सफलता मिली। अब बाबर ने दिल्ली की ओर प्रस्थान किया और पानीपत के मैदान में अपनी सेना को तैनात कर दिया।

जिस समय बाबर दिल्ली पर आक्रमण करने के इरादे से आगे बढ़ रहा था। उस समय दिल्ली के शासक सुल्तान इब्राहीम लोदी के स्वभाव एवं व्यवहार से उसके अधीन सरदार तथा अधिकारी खुश नहीं रहते थे। यही कारण रहा कि उसके पास विशाल सैन्यशक्ति होते हुए भी उसे पराजित होना पड़ा।

बाबर की सेना में कुल बारह हजार सैनिक थे। मेजर डेविड के अनुसार उसके सैनिकों की संख्या दस हजार ही रही होगी। कर्नल हेग के अनुसार उसके पास पच्चीस हजार सैनिक थे।

बाबर की सेना में नवीन हथियार के रूप में तोपें एवं दस्ती बँदूकें थीं। तोपों को गाड़ियों में रखकर युद्ध क्षेत्र में ले जाया जाता था। मुगल सैनिक पूर्ण रूप से कवचयुक्त थे। बाबर की सेना का मुख्य हथियार धनुष-बाण था। उसकी सेना में अधिकांश अश्वारोही सैनिक थे, जो धनुष-बाण चलाने में अत्यंत निपुण थे। बाबर स्वयं एक कुशल सेनापति था।

सुल्तान इब्राहीम लोदी की सेना में लगभग एक लाख सैनिक तथा एक हजार हाथी थे। यह सैनिक संख्या 'बाबरनामा' के आधार पर है। यदुनाथ सरकार के अनुसार इब्राहीम लोदी की सेना में बीस हजार कुशल अश्वारोही सैनिक, बीस हजार साधारण अश्वारोही सैनिक, तीस हजार पैदल सैनिक तथा एक हजार हाथी सैनिक थे।

सुल्तान के अधीन सरदारों में अत्यधिक मतभेद थे। उसकी सेना में राष्ट्रीय एवं दल भावना का पूर्ण अभाव था। उसकी सेना का मुख्य हथियार, भाला, लाठी, कुल्हाड़ी तथा धनुष-बाण थे।

सुल्तान इब्राहीम लोदी ने अपनी सेना के साथ पानीपत नगर के दक्षिण में मोरचा सँभाला था। उसने सबसे आगे अपनी हाथी सेना को खड़ा किया, इसके बाद अपनी पैदल सेना लगाई। उसने अश्वारोही सेना को चार प्रमुख भागों—अग्र भाग, मुख्य भाग, दाएँ भाग, बाएँ भाग में विभक्त किया।

बाबर ने तेजी के साथ अपनी तोपों के द्वारा फायर आरंभ कर दिए, जिसके परिणामस्वरूप लोदी की सेना के अनेक सैनिक मारे गए। उनके हाथी भी तोपों के फायर से इतने भयभीत हुए कि वे पीछे की ओर मुड़ गए और अपनी ही सेना को बुरी तरह कुचलने लगे।

भीषण संघर्ष के बाद बाबर इस युद्ध में विजयी हुआ। सुल्तान इब्राहीम लोदी को उसके सैनिकों सहित मौत के घाट उतार दिया गया।

प्रो. एस.एम. जाफर ने लिखा है—"इस युद्ध से भारतीय इतिहास

में एक नए युग का आरंभ हुआ। लोदी वंश के स्थान पर मुगल वंश की स्थापना हुई। इस नए वंश ने समय आने पर ऐसे प्रतिभाशाली तथा महान् शासकों को जन्म दिया, जिनकी छत्रच्छाया में भारत ने असाधारण उन्नति एवं महानता प्राप्त की।''

❑

कैने का युद्ध
(216 ई.पू.)

कैने युद्ध के समय रोम एवं व्यापारिक राज्य कार्थेज के मध्य साम्राज्य विस्तार को लेकर निरंतर लड़ाइयाँ होती रही थीं, जिसके कारण दोनों राज्य युद्ध से बुरी तरह ऊब गए थे। अंततः शांति के लिए युद्ध विराम हुआ तथा कार्थेज ने सिसली खाली कर दिया।

जिस समय रोम की सेना सारडीनिया में लड़ रही थी, उसी समय गॉल तथा इलीरिया के जल-दस्युओं के मध्य भी युद्ध चल रहा था, जिसमें गॉल की पराजय हुई तथा केमोना व पियासेलजा रोम के उपनिवेश बन गए। 229 ई.पू. में कार्थेज का उत्तराधिकारी हेमिल्कर बना, परंतु 221 ई.पू. में उसकी हत्या कर दी गई। हेनीबल को उसका स्थान मिल गया।

उस समय रोम के दो प्रमुख शत्रु राज्य थे—कार्थेज तथा मेसेडोनिया। इसी दौरान रोम की सेनाएँ गॉल के युद्ध से वापस लौटीं तो उसने सेनापति सेमेंटन को टावोलेट पर आक्रमण के लिए प्रोत्साहित किया। हेनीबल ने 219 ई.पू. में टावोलेट पर रोम के प्रभाव जमाने के पूर्व ही उस पर आक्रमण करके उसे अपने अधिकार में कर लिया।

हेनीबल की इस विजय से रोम को गुस्सा आ गया और उसने कार्थेज को संदेश भेजा कि यदि हेनीबल को उन्हें नहीं सौंपा गया तो कार्थेज पर आक्रमण कर दिया जाएगा। उस समय कार्थेज में हेनीबल की स्थिति अत्यंत सुदृढ़ थी। हेनीबल एक योग्य एवं कुशल सेनापति था। उसने सिकंदर की युद्ध कला से अश्वारोही सेना का उपयोग करना सीखा था तथा अपने

सैनिकों को प्रशिक्षण देकर पटु बना दिया था।

इस बात का रोम को अनुमान नहीं था। उसी समय रोम ने कार्थेज के विरुद्ध अभियान आरंभ करने का उचित अवसर समझा, क्योंकि इस दौरान संपूर्ण इटली उसके अधिकार में था।

कार्थेज सेनापति हेनीबल एक सुयोग्य सेनानायक था। वह कठिनाइयों से घबराता नहीं था। जब वह 218 ई.पू. में एब्रो की ओर बढ़ा तो उसका विचार रोम को जीतना नहीं, बल्कि रोमन साम्राज्य को शक्तिहीन बनाने का था। वह विजेता होने का दावा नहीं करता था। उसने स्थल मार्ग को इसलिए अपनाया था, क्योंकि वह गॉल को अपना आधार बनाना चाहता था।

हेनीबल पेइनीज को पार कर एबिगनन की ओर बढ़ने लगा। इसी दौरान रोम ने सेप्रोनियस के नेतृत्व में सेना की एक टुकड़ी तैनात की, जिसे कार्थेज पर आक्रमण करना था। इसके साथ ही एक दूसरी टुकड़ी सीपियों के नेतृत्व में स्पेन भेजी।

जब हेनीबल की स्थिति का सही पता रोम को लगा तो उन्होंने सेप्रोनियस की सेना को उत्तर में भेजा। सीपियों की सेना पहले ही स्पेन में आक्रमण के लिए भेजी जा चुकी थी। सेनापति हेनीबल ने सिकंदर की भाँति रोम नदी उत्तर से पार की तथा आल्पस को पार करता हुआ इटली पहुँच गया।

उसने 218 ई.पू. में सबसे पहले ट्रेबिया में रोम के सेनापति सेप्रोनियस को पराजित किया। फिर 217 ई.पू. में रोम की सेना पर सफलता प्राप्त की। इसके बाद वह दक्षिण की ओर बढ़ा तथा रोम के आपूर्ति भंडार पर अधिकार कर लिया जो कैने के निकट था।

प्रारंभिक आक्रमण में हेनीबल ने अपने पैदल सैनिकों को इस प्रकार आगे बढ़ाया कि बीच का हिस्सा आगे बढ़कर अर्धचंद्र के आकार में हो गया। युद्ध का आरंभ हेनीबल ने दाईं ओर से किया तथा दाईं ओर के अश्वारोही सैनिकों ने रोम के बाएँ पार्श्व के अश्वारोही सैनिकों को बुरी तरह से कुचल दिया।

इसके बाद रोम की पैदल सेना के पीछे होकर उन्होंने बाएँ पार्श्व में

पीछे से आक्रमण करना आरंभ कर दिया। इस समय रोम के दाहिने पार्श्व की सेना कार्थेज के बाईं ओर की निबेलियन अश्वारोही सेना के साथ उलझ रही थी। उसी समय कार्थेज के अश्वारोही सैनिकों ने पीछे से आक्रमण करके उनको तितर-बितर कर दिया, जिसका परिणाम यह हुआ कि रोम के दाएँ पार्श्व की अश्वारोही सेना भी मैदान से खदेड़ दी गई।

न्यूमेडियन ने इसका पीछा किया। अब कार्थेज की अश्वारोही सेना ने रोम की पैदल सेना के पीछे से आक्रमण आरंभ कर दिया। इस समय तक पैदल सेना का संपर्क हेनीबल की कूटयोजना के आधार पर ही हो रहा था। उसके मध्य भाग के पैदल सैनिकों ने, जो आगे बढ़ गए थे, रोम के भीषण दबाव में पीछे हटना आरंभ किया।

रोमन सेनापति वैरो ने इससे उत्साहित होकर पीछेवाले मैनीपल्स (रोमन सैन्य संगठन की एक इकाई) को आगेवाले मैनीपल्स के मध्य छूटे हुए भागों में लगा दिया। इसके बाद ट्रियारी तथा वैलाइट्ज को आगे बढ़ने का आदेश दिया, जिससे कार्थेज की सेना नदी पार कर भाग न सके।

हेनीबल की सेना अपनी योजना के अनुसार भीतर की ओर अवतल स्थिति में आ गई थी तथा रोम की सेना भी उसके मध्य भाग में प्रवेश कर गई थी। अचानक तेजी के साथ हेनीबल ने अपने दोनों पार्श्वों की पैदल सेना को, जो अभी युद्ध में विशेष भाग नहीं ले रही थी, भीतर की ओर घूमने का आदेश दिया।

अफ्रीका की पैदल सेना ने भीतर की ओर घूमकर रोम की सेना के पीछे से आक्रमण करना आरंभ कर दिया। रोम की सेना उस समय जीत की खुशी के नारे लगा रही थी। तभी रोम की सेना के पीछे के मध्य भाग में कार्थेज अश्वारोही सैनिकों ने भी आक्रमण आरंभ कर दिया।

फिर क्या था, अचानक एवं तीव्र प्रहार के कारण रोम की सेना के जीत के नारे घबराहट की चीख-पुकार में बदल गए। रोम की सेना की व्यूह रचना भंग हो गई थी। इसका परिणाम यह हुआ कि रोम की सेना बुरी तरह से काटी गई, क्योंकि वह चारों ओर से घिर चुकी थी। उसके केवल 10,000

सैनिक ही भाग जाने में सफल हो सके और लगभग 60,000 सैनिकों को मौत के घाट उतार दिया गया।

इस प्रकार हेनीबल ने एक निर्णायक सफलता प्राप्त करके रोम पर अपना अधिकार जमा लिया तथा अपनी कुशल सैन्य प्रतिभा का परिचय दिया। हेनीबल का यह संग्राम उसके श्रेष्ठ समरतंत्र का परिचायक माना जाता है। कैने गाँव के निकट लड़ा गया यह युद्ध 'कैने युद्ध' के नाम से विख्यात हुआ।

❑

क्रेसी का युद्ध
(1346 ई.)

यह सौ वर्षीय संग्राम का प्रथम महत्त्वपूर्ण युद्ध था। यह प्रसिद्ध युद्ध इंग्लैंड के शासक एडवर्ड तृतीय तथा फ्रांस के शासक फिलिप ऑफ वैलाइस के मध्य क्रेसी के मैदान में 1346 ई. में लड़ा गया।

यह युद्ध शाही घरानों में अपने अधिकार जमाए रखने के लिए लड़ा था। इंग्लैंड का शासक एडवर्ड तृतीय फ्रांस के शासक चार्ल्स चतुर्थ की बड़ी बहन ईसाबेला तथा एडवर्ड द्वितीय का पुत्र था। एडवर्ड तृतीय को जब अक्यूटेन का इलाका अपने पिता से प्राप्त हुआ, तब उसे भी अपने पिता तथा दादा की भाँति फ्रांस के राजा चार्ल्स चतुर्थ के प्रति प्रभु-भक्ति की शपथ लेनी पड़ी।

एडवर्ड तृतीय को पंद्रह वर्ष की अवस्था में ही राज्य प्राप्त हो गया था। लगभग एक वर्ष पश्चात् 1328 ई. में फ्रांस के राजा चार्ल्स चतुर्थ की मृत्यु हो गई और उसके चचेरे भाई फिलिप छठे ने फ्रांस की गद्दी सँभाली। फिलिप छठे के गद्दी पर बैठने के बाद एडवर्ड तृतीय की माता ने फ्रांस के सिंहासन के लिए अपना दावा किया, परंतु इंग्लैंड की नाजुक परिस्थितियों को देखकर फिलिप छठे ने एडवर्ड तृतीय को यह संदेश भेजा कि केवल उसी ने अभी तक निष्ठा की शपथ नहीं ली है। अगर शीघ्र ही ऐसा नहीं किया तो वह अक्यूटेन की जगह को जब्त कर लेगा।

इस तरह एडवर्ड तृतीय को भी फिलिप के प्रति निष्ठा की शपथ लेनी पड़ी, परंतु यह सब अपने हितों को सुरक्षित रखने के लिए फिलिप की एक

कूटनीतिक चाल थी। जब फिलिप ने ग्वाइने का इलाका जब्त करने का आदेश दिया तो तुरंत ही एडवर्ड तृतीय फ्रांस के सिंहासन का दावेदार बन गया, जिससे समानता के स्तर पर फ्रांस से संघर्ष किया जा सके।

यहीं से वास्तव में इंग्लैंड एवं फ्रांस के मध्य सौ वर्षों के युद्धों का सूत्रपात होता है। इस लंबे युद्ध का एक अन्य कारण यह भी था कि रोमन साम्राज्य तथा पोप की शक्ति का पतन हो चुका था। इसी के परिणामस्वरूप दोनों देश बिना किसी हस्तक्षेप के इतनी लंबी अवधि तक युद्ध में उलझे रहे।

फिलिप की सामंती सेना एडवर्ड के मोरचे के समीप जैसे ही पहुँची, सामंती सेना ने उचित नेतृत्व एवं नियंत्रण के अभाव में एडवर्ड की सेना पर तेजी से आक्रमण कर दिया। उसे यह भ्रम था कि हेस्टिंग्स के संग्राम की भाँति अंग्रेजों को भी उसके कवचयुक्त अश्वारोही सैनिक शीघ्र ही पराजित कर देंगे।

उसे इस बात का बिल्कुल अनुमान नहीं था कि अंग्रेजी सेना पूरी तरह तैयार है और आक्रमण को विफल कर सकती है। फिलिप की सेना ने युद्ध के प्रमुख सिद्धांत–शक्ति के केंद्रीयकरण की पूरी तरह अवहेलना की। इसी कारण आक्रमण करने पर भी युद्ध के प्रथम चरण में उसे बुरी तरह से हानि उठानी पड़ी तथा अंग्रेजों से दोगुनी सैन्यशक्ति होने पर भी सफलता नहीं मिली।

एडवर्ड की सेना के लंबे धनुर्धारी सैनिकों ने भीषण बाण–वर्षा करके फ्रांसीसी धनुर्धारी सेना को बुरी तरह से आतंकित कर दिया, क्योंकि अंग्रेजी सेना के तीर अत्यंत प्रहारक तथा दूर तक निशाना साधने में सक्षम थे। इसका परिणाम यह हुआ कि इस प्रथम अभियान में अनेक फ्रांसीसी सैनिक मौत के मुँह में समा गए तथा शेष बुरी तरह से भयभीत होकर पीछे लौट गए।

इनके सामने फ्रांसीसी तिर्यक् धनुर्धारी सैनिक कामयाब नहीं हो सके, क्योंकि उनकी मारक क्षमता सीमित थी। वे शत्रु के पास आने की प्रतीक्षा

में बैठे रहे। तब तक अंग्रेज सेना के लंबे धनुर्धारियों ने उनका काम तमाम कर दिया।

फ्रांसीसी सामंतों ने आवेश एवं जोश में आकर अनुशासनहीनता के साथ आक्रमण कर दिया था, जिससे उनकी अपनी ही अश्वारोही सेना से पैदल सेना कुचली गई थी। इसके विपरीत अंग्रेजों की सेना ने अपनी प्रतिरक्षात्मक स्थिति ऊँचे स्थान पर ले रखी थी, जिसके परिणामस्वरूप फ्रांसीसी सैनिक ऊपर चढ़कर मोरचा तोड़ने में सफल नहीं हो सके।

उन्होंने लगभग पंद्रह बार प्रयास किए, परंतु प्रत्येक प्रयास में उन्हें मुँह की खानी पड़ी, क्योंकि अंग्रेजों की धनुर्धारी सेना ने दूर से ही उनको अपना शिकार बनाना आरंभ कर दिया था। अंग्रेजों के तीर इतने प्रहारक थे कि वे मोटे से मोटे कवच को भी भेदकर प्रवेश कर जाते थे।

अंत में निराश होकर फ्रांसीसी सेनानायकों ने एक नवीन समरतांत्रिक विधि अपनाने की योजना बनाई, जिसमें विमुख गतिविधि अपनाकर अंग्रेजों के पार्श्व पर आक्रमण करना था। इस योजना में भी फ्रांसीसी सेना सफल न हो सकी, क्योंकि अंग्रेज सेनानायक एडवर्ड तृतीय ने अपने दोनों पार्श्वों की प्रतिरक्षात्मक व्यवस्था अत्यंत सुदृढ़ कर रखी थी। इसी कारण फ्रांसीसी सेना द्वारा क्रेसी की ओर से किया गया आक्रमण पूरी तरह से विफल रहा।

इस प्रकार इस अभियान में फ्रांसीसी सेना को बुरी तरह पराजित होना पड़ा तथा अनेक सैनिकों को जान भी गँवानी पड़ी। फ्रांसीसी सैनिकों की लाशों का ढेर सा बिछ गया, जिसे देखकर अन्य फ्रांसीसी सैनिक भी भयभीत हो गए तथा मैदान छोड़कर भाग खड़े हुए।

इस प्रकार एडवर्ड पर रात्रि तक 15 आक्रमण हुए, परंतु फिलिप की कोई निश्चित योजना न होने के कारण उसकी सेना में लगातार अव्यवस्था ही फैलती गई और अंततः असफलता ही हाथ लगी।

विजय के पश्चात् भी एडवर्ड ने अपनी सेना को उसी स्थान पर बनाए रखा। जब दूसरे दिन तड़के फ्रांस की अन्य सहयोगी सेनाएँ वहाँ पहुँचीं तो उन्हें यह नहीं मालूम था कि फिलिप पराजित हो चुका है। इस सेना को

पराजित करने में एडवर्ड को कोई कठिनाई नहीं हुई।

क्रेसी की विजय के पश्चात् एडवर्ड तृतीय ने केलेस पर अधिकार कर लिया। सितंबर 1346 में पूर्णरूप से युद्ध विराम हो गया। इस विजय के साथ ही अंग्रेजों ने फ्रांस में अपने पैर रख दिए और अगले दो वर्षों तक जमे रहे।

❑

तालीकोटा का युद्ध
(1565 ई.)

कृष्णदेव की मृत्यु (1529 ई.) के पश्चात् विजयनगर के हिंदू साम्रराज्य का पतन आरंभ हो गया। उसके दुर्बल उत्तराधिकारी राज्य को सुचारु रूप से संचालित कर पाने में सक्षम नहीं थे। षड्यंत्रों व युद्धों का कुछ ऐसा चक्कर चला कि आगामी कुछ ही वर्षों में कई प्रदेश साम्राज्य से अलग हो गए।

इन्हीं परिस्थितियों का लाभ उठाते हुए बीजापुर, गोलकुंडा और अहमदनगर के मुसलमान शासकों ने एकत्रित होकर विजयनगर साम्राज्य को हड़पने की योजना बना ली। यही योजना तालीकोटा युद्ध के रूप में 5 जनवरी, 1565 में परिणत हो गई।

इस भयानक युद्ध में मुसलमानों की विजय हुई तथा उन्हें अपार धन और बहुमूल्य सामग्री प्राप्त हुई। इस युद्ध में विजयनगर का शासक राम राय अपने अनेक सेनापतियों सहित मारा गया। यह युद्ध दक्षिण भारत का सर्वाधिक निर्णायक युद्ध माना जाता है, क्योंकि इस युद्ध में हिंदू साम्राज्य का पूर्ण पतन हो गया।

डॉ. आर.सी. मजूमदार ने लिखा है—"तालीकोटा का युद्ध भारतीय इतिहास के निर्णायक युद्धों में से एक था। इसके परिणामस्वरूप दक्षिण में हिंदू शक्ति के पुनः स्थापित होने की संभावना आगामी एक शताब्दी के लिए समाप्त हो गई। सत्रहवीं शताब्दी में जब मराठों का उत्थान हुआ तो हिंदू शक्ति पुनः दक्षिण में स्थापित हुई।"

जिस समय विजयनगर साम्राज्य का शासन राम राय के हाथों में था, सेना

के संगठन, प्रशिक्षण, शस्त्रास्त्र तथा शक्ति आदि तत्त्वों की अवहेलना हो रही थी। विजयनगर साम्राज्य के सैनिकों में जहाँ अधिकांश सैनिक पैदल थे, वहाँ उनके शस्त्र भी निम्न स्तर के थे। अश्वारोही सेना के घोड़े प्राय: देशी नस्ल के टट्टू ही थे, जिससे उनमें गतिशीलता का पूर्ण अभाव था।

इसके विपरीत विरोधी सेना अर्थात् बहमनी सेनापतियों के पास अरबी घोड़े होते थे। उन पर सवार सैनिक बख्तरबंद तथा संयुक्त धनुष (सींग तथा लोहे की पत्ती द्वारा निर्मित) से युक्त होते थे।

विजयनगर साम्राज्य के आग्नेय हथियारों का संचालन पुर्तगालियों, ईसाइयों के द्वारा किया गया था, जिसके परिणाम भी अच्छे नहीं निकले। इसी के साथ ही सम्राट् राम राय ने मुसलमान अश्वारोही सेना का एक विशेष दल भी संगठित किया, जिसमें लालची मुसलमानों को भरती किया गया था, जो अपने सुल्तानों से अधिक वेतन पाने के लालच में भरती हुए थे। परंतु वे सैनिक सुल्तानों की तूरानी–ईरानी अश्वारोही सेना की तुलना में निम्न स्तर के थे।

विजयनगर की सेना का कार्यभार मुख्य रूप से तीन वयोवृद्ध सेनापतियों द्वारा सँभाला जा रहा था, जिसमें से मध्य या केंद्रीय कमान का नेतृत्व स्वयं राम राय, दाएँ पार्श्व का नेतृत्व वेंकटाद्री तथा बाएँ पार्श्व का नेतृत्व तीरूमल ने सँभाला था।

ये तीनों ही सेनानायक 60 वर्ष से अधिक उम्र के थे, जबकि राम राय की उम्र 80 वर्ष से भी अधिक थी। यही कारण था कि इन सेनानायकों में जहाँ स्फूर्ति की कमी थी, वहीं शीघ्र निर्णय लेने की क्षमता का भी अभाव था। युद्ध में तेजी के साथ बदलती हुई परिस्थितियों के लिए ये सक्षम नहीं थे।

दूसरी ओर बहमनी सेनापतियों में अहमदनगर के इखलाल खाँ, गोलकुंडा के मुस्तफा खाँ तथा बीजापुर के किशावर खाँ प्रमुख थे। निजाम शाह अपनी सेना की केंद्रीय कमान का संचालक था। उसने अपनी तोपों का संचालन चेलेबी रूमी खाँ को सौंप रखा था, जो अपने समय का सर्वाधिक निपुण तोपची था।

इस युद्ध के आरंभ होने के पूर्व बहमनी सेना के मित्र पक्ष बीजापुर के

बाहर मैदान में एकत्रित हुए तथा योजना निर्धारित कर 24 दिसंबर, 1564 को कृष्णा नदी पार करके विजयनगर पर आक्रमण करने के लिए आगे बढ़े।

जब विजयनगर के शासक राम राय को इस बात का पता लगा तो उसने नदी पार करने से रोकने हेतु दक्षिणी तट पर खाइयाँ खुदवाकर बड़ी तोपें मोरचे पर लगा दीं। परंतु बहमनी सुल्तानों ने इस मोरचेबंदी के विपरीत चुपके-चुपके नदी पार करने का रास्ता ढूँढ़ निकाला तथा विजयनगर की सेना को धोखे में रखा।

5 जनवरी, 1565 को दोपहर के समय तालकोटा के मैदान में विजयनगर साम्राज्य के दाएँ पार्श्व तथा बहमनी राज्यों के बाएँ पार्श्व के मध्य युद्ध का आरंभ हुआ, जो दोनों ही पक्षों की सबसे कमजोर सेनाएँ थीं।

इस संघर्ष में विजयनगर साम्राज्य के वेंकटाडी को कुतुबशाह की सेना को पीछे खदेड़ने का एक अच्छा अवसर मिल गया, फिर भी उसने पूरी शक्ति के साथ शत्रु का पीछा करने का प्रयास नहीं किया, जिसके परिणामस्वरूप थोड़ी दूर जाने के बाद तुर्की सैनिक तेजी से पलट गए और अंत तक मैदान में शत्रु का सामना करते रहे।

इस भीषण युद्ध में विजयनगर साम्राज्य के लगभग एक लाख सैनिक मारे गए। इसके साथ ही विजयनगर साम्राज्य का अंत हो गया तथा यहाँ बहमनी सल्तनत का आधिपत्य हो गया।

इस युद्ध को दक्षिण भारत का सर्वाधिक निर्णायक युद्ध माना जाता है। निर्णायक युद्ध में बहमनी सुल्तानों की सफलता का प्रमुख कारण उनकी श्रेष्ठ अश्वारोही सेना तथा सहयोग व कुशल नेतृत्व ही था, जिससे उन्होंने विशाल सैन्यशक्ति पर विजय हासिल की।

इस युद्ध ने यह प्रमाणित कर दिया कि युद्ध में वही पक्ष सफल होता है, जो एक निश्चित लक्ष्य के आधार पर काररवाई करता है। संयुक्त बहमनी सेना ने योजना के अनुसार विजयनगर साम्राज्य की सेना पर आक्रमण किया और अप्रत्याशित सफलता प्राप्त की।

❑

अस्साई का युद्ध
(1803 ई.)

यह प्रसिद्ध युद्ध ब्रिटिश सेनापति जनरल वेलेजली तथा मराठा सेनापति सिंधिया व भोंसले के मध्य 23 सितंबर, 1803 को अस्साई गाँव (औरंगाबाद) के निकट लड़ा गया।

इस युद्ध में आपसी मतभेद उत्पन्न करके ब्रिटिश सेनापति ने सामरिक लाभ उठाया और एक ऐतिहासिक सफलता प्राप्त की। अंग्रेजों ने 'फूट डालो और राज करो' की नीति के आधार पर अपने साम्राज्य का विस्तार आरंभ कर दिया था।

व्यापार के उद्‌देश्य से भारत में आए इन अंग्रेजों ने केवल ईस्ट इंडिया कंपनी का संचालन ही नहीं किया, बल्कि भारतीय राजनीतिक स्थिति का लाभ उठाकर राजनीतिक दाँव-पेच आरंभ करके अपना विस्तार आरंभ कर दिया।

जिस समय ईस्ट इंडिया कंपनी की स्थापना हुई उस समय बंगाल, मद्रास तथा बंबई में अपनी कंपनी की सुरक्षा के नाम पर सैनिक भरती शुरू की गई थी। इसके विस्तार में मराठा एवं सिख समुदाय प्रमुख बाधक थे। अत: अंग्रेजों ने अपनी नीति के आधार पर विभाजित करके अपने लिए मार्ग प्रशस्त कर लिया।

पानीपत के तीसरे युद्ध में अफगानों की विजय के साथ ही मराठों तथा फ्रांसीसियों का पतन होने लगा था। अब मराठा दक्षिण भारत में ही अपना अस्तित्व बनाए हुए थे। उनका उत्तर भारत में प्रभुत्व समाप्त हो गया था।

अंग्रेजों के बढ़ते हुए साम्राज्य के प्रति सभी सियासतें चौकन्नी थीं, पर आपसी एकता के अभाव में मौन थीं। प्रसिद्ध मराठा माधवजी सिंधिया ने अंग्रेजों के विरुद्ध हैदर अली सहित भारत के अन्य शासकों को एकजुट किया। इसी एकता के बल पर निजाम हैदराबाद, आगरा, अलीगढ़, दिल्ली तथा पूना तक को अपने अधीन कर लिया।

किंतु माधवजी सिंधिया के आकस्मिक निधन से इसका उत्तरदायित्व दौलतराय सिंधिया को सौंपा गया। उत्तर भारत में सिख सरदार रणजीत सिंह ने बागडोर सँभाली। अब उत्तर तथा दक्षिण दोनों ओर से अंग्रेजों के प्रसार में बाधा आ गई। किंतु 1802 ई. में मराठा पेशवा बाजीराव रघुनाथ के साथ अंग्रेजों ने 'बेसीन की संधि' कर ली।

इसी के कुछ समय पश्चात् सिख महाराजा रणजीत सिंह के साथ 'अमृतसर की संधि' कर ली। इस प्रकार अंग्रेजों ने अपनी कूटनीतिक सफलता प्राप्त की। 'बेसीन की संधि' ही अस्साई के युद्ध का प्रमुख कारण मानी जाती है।

31 दिसंबर, 1802 की 'बेसीन की संधि' के अनुसार, पूना में मराठा पेशवा की सुरक्षा के लिए अंग्रेज कमांडरों के अधीन कंपनी की छह बटालियन सेना भेजी गई, जिसका खर्च पेशवा बाजीराव को वहन करना था।

इसके साथ ही भविष्य में होनेवाले सभी झगड़ों के निबटारे का उत्तरदायित्व भी ब्रिटिश सरकार ने अपने हाथों में ले लिया था, जिसके परिणामस्वरूप पेशवा की उपस्थिति कठपुतली की भाँति रह गई, जिसे अंग्रेजों की मर्जी से नचाया जाता था।

इस संधि से अंग्रेजों के लिए मराठों के सम्मिलित आक्रमण का भय भी समाप्त हो गया। 'बेसीन की संधि' को मराठा हितों के विरुद्ध समझकर दौलतराव सिंधिया तथा भोंसले ने अंग्रेजों के विरुद्ध अपनी सैनिक तैयारी शुरू कर दी।

जब इस बात का पता ब्रिटिश सरकार को लगा तो उसने गवर्नर जनरल वेलेजली को उनकी गतिविधियों की निगरानी के लिए नियुक्त किया तथा सैनिक तैयारी के भी आदेश दे दिए।

इस प्रकार जब दोनों पक्ष अपनी सैनिक तैयारी में जुट गए तो 6 अगस्त, 1803 को 'द्वितीय ब्रिटिश-मराठा युद्ध' की घोषणा हो गई।

अंग्रेज जनरल वेलेजली ने अपनी पूर्व निर्धारित योजना के अनुसार मराठा सेना के दाएँ पार्श्व पर आक्रमण करके इस युद्ध का आरंभ कर दिया, किंतु अंग्रेज सेना के दाएँ पार्श्व की सहायक टुकड़ी के रूप में उपस्थित 74वीं डिवीजन भी भूल से आगे बढ़ गई, जिसमें ब्रिटिश सेना का दायाँ पार्श्व खाली हो गया। जब मराठा सैनिकों ने यह स्थिति देखी तो उन्होंने तुरंत ही मौके का लाभ उठाते हुए ब्रिटिश सेना के दाएँ पार्श्व में अपनी तोपों एवं अश्वारोही सैनिकों द्वारा जोरदार आक्रमण कर दिया।

इस संकट की परिस्थिति में ब्रिटिश सेनापति जनरल वेलेजली ने अपनी नेतृत्व क्षमता का परिचय देते हुए बड़े ही धैर्य एवं साहस से कार्य किया। जिस समय दाएँ पार्श्व में लड़ा जा रहा युद्ध कुछ धीमा हुआ, उसी समय उसने अपने बाएँ पार्श्व तथा मध्य भाग द्वारा मराठा सेना पर तीव्र आक्रमण आरंभ कर दिया।

जब दोनों पक्षों में जोरदार संघर्ष चल रहा था, तब मराठा सेना का एक सेनापति अपनी सेना की टुकड़ी सहित ब्रिटिश सेना के पक्ष में आ गया, जिसके परिणामस्वरूप युद्ध की स्थिति एकदम बदल गई और मराठा सेना में अव्यवस्था फैल गई।

हतोत्साहित मराठे अंग्रेजों की इस कूटनीति से भयभीत भी हो गए तथा पीछे की ओर हटने के लिए मजबूर हो गए।

मराठा सेना की नाजुक स्थिति को नजरअंदाज करते हुए ब्रिटिश सेनापति जनरल वेलेजली ने अपनी गतिशील अश्वारोही सेना द्वारा तीव्र प्रहार किया। विवश होकर मराठा सेना युद्ध के मैदान से भाग खड़ी हुई।

अंततः मराठा सेना को पराजित होना पड़ा और इस ऐतिहासिक युद्ध का निर्णय ब्रिटिश सेना के पक्ष में हुआ। लगभग 1200 मराठा सैनिक मारे गए तथा बड़ी संख्या में घायल हुए।

❑

भारत का प्रथम स्वतंत्रता संग्राम
(1857 ई.)

लॉर्ड कैनिंग के गवर्नर जनरल के रूप में शासन करने के दौरान ही भारत में 1857 ई. की महान् क्रांति हुई। इस क्रांति का आरंभ 10 मई, 1857 को मेरठ से हुआ, जो धीरे-धीरे कानपुर, बरेली, झाँसी, दिल्ली, अवध आदि स्थानों पर फैल गया।

इस क्रांति की शुरुआत तो एक सैन्य विद्रोह के रूप में हुई, परंतु कालांतर में उसका स्वरूप बदलकर ब्रिटिश सत्ता के विरुद्ध एक जनव्यापी विद्रोह के रूप में हो गया, जिसे भारत का प्रथम स्वतंत्रता संग्राम कहा गया।

राजा राममोहन राय ने सती प्रथा जैसी अमानवीय प्रथा के विरुद्ध निरंतर आंदोलन चलाया। उनके पूर्ण और निरंतर समर्थन का ही प्रभाव था, जिसके कारण लॉर्ड विलियम बैंटिंक 1829 में सती प्रथा को बंद कराने में समर्थ हो सका।

अंग्रेजी के माध्यम से पश्चिमी शिक्षा के प्रसार की दिशा में कदम उठाए गए, अंग्रेजी देश की राजभाषा बना दी गई। सारे देश में समान जाब्ता दीवानी और फौजदारी कानून लागू कर दिया गया। परंतु शासन स्वेच्छाचारी बना रहा और वह पूरी तरह अंग्रेजों के हाथों में रहा।

1833 के चार्टर एक्ट के विपरीत ऊँचे पदों पर भारतीयों को नियुक्त नहीं किया गया। भाप से चलनेवाले जहाजों और रेलगाड़ियों का प्रचलन, ईसाई मिशनरियों द्वारा आक्षेपजनक रीति से ईसाई धर्म का प्रचार, लॉर्ड डलहौजी द्वारा जब्ती का सिद्धांत लागू करके अथवा कुशासन के आधार

पर कुछ पुरानी देशी रियासतों की जब्ती तथा ब्रिटिश भारतीय सेना के भारतीय सिपाहियों की शिकायतें—इन सब कारणों ने मिलकर सारे भारत में एक गहरे असंतोष की आग धधका दी, जो 1857 में क्रांति के रूप में भड़क उठी।

29 मार्च, 1857 को मंगल पांडे नामक एक सैनिक ने बैरकपुर छावनी में अपने अफसरों के विरुद्ध विद्रोह कर दिया, लेकिन ब्रिटिश सैन्य अधिकारियों ने इस सैनिक विद्रोह को सरलता से नियंत्रित कर दिया और साथ ही उसकी बटालियन '34 एन आई' को भंग कर दिया।

24 अप्रैल को 3 एल.सी. परेड मेरठ में 90 घुड़सवारों में से 85 सैनिकों ने नए कारतूस लेने से इनकार कर दिया। आज्ञा की अवहेलना के कारण इन 85 घुड़सवारों को कोर्ट मार्शल द्वारा पाँच वर्ष का कारावास दिया गया।

खुला विद्रोह 10 मई को प्रारंभ हुआ। सर्वप्रथम पैदल टुकड़ी '20 एन.आई.' में विद्रोह की शुरुआत हुई, तत्पश्चात् '3 एल.सी.' में भी विद्रोह फैल गया। इन विद्रोहियों ने अपने अधिकारियों के ऊपर गोलियाँ चलाईं।

11 मई को मेरठ के क्रांतिकारी सैनिकों ने दिल्ली पहुँचकर 12 मई को दिल्ली पर अधिकार कर लिया। इन सैनिकों ने मुगल सम्राट् बहादुरशाह द्वितीय को दिल्ली का सम्राट् घोषित कर दिया।

शीघ्र ही विद्रोह लखनऊ, इलाहाबाद, कानपुर, बरेली, बनारस, बिहार तथा झाँसी में भी फैल गया। अंग्रेजों ने पंजाब से सेना बुलाकर सबसे पहले दिल्ली पर अधिकार किया। 21 सितंबर, 1857 को दिल्ली पर अंग्रेजों ने पुनः अधिकार कर लिया, परंतु संघर्ष में जॉन निकोलसन मारा गया और लेफ्टिनेंट हडसन ने धोखे से बहादुरशाह द्वितीय के दो पुत्रों मिर्जा मुगल और मिर्जा ख्वाजा सुल्तान एवं एक पोते मिर्जा मुबारक को गोली मरवा दी।

लखनऊ में विद्रोह की शुरुआत 4 जून, 1857 को हुई। यहाँ के क्रांतिकारी सैनिकों द्वारा ब्रिटिश रेजीडेंसी के घेराव के उपरांत ब्रिटिश रेजीडेंट लॉरेंस की मृत्यु हो गई। हैवलॉक और आउट्रम नामक सैन्य अधिकारियों ने विद्रोह को दबाने का भरसक प्रयत्न किया, परंतु वे असफल रहे।

आखिरकार कॉलिन कैंपवेल ने गोरखा रेजीडेंट के सहयोग से मार्च 1858 में लखनऊ पर अधिकार कर लिया।

5 जून, 1857 को क्रांतिकारियों ने कानपुर को अंग्रेजों से छीन लिया। नाना साहब को पेशवा घोषित किया गया। तात्या टोपे ने इनका सहयोग किया। यहाँ पर विद्रोह का प्रभाव 6 सितंबर तक ही रहा।

कॉलिन कैंपवेल के नेतृत्व में अंग्रेजी सेना ने 6 सितंबर, 1857 को कानपुर को पुनः अपने कब्जे में कर लिया।

तात्या टोपे कानपुर से फरार होकर झाँसी पहुँच गए। रानी लक्ष्मीबाई, जो गंगाधर राव की विधवा थीं, भी अपने दत्तक पुत्र दामोदर राव को झाँसी की गद्दी न दिए जाने के कारण अंग्रेजों से नाराज थीं। तात्या टोपे के सहयोग से रानी लक्ष्मीबाई ने अंग्रेजों को नाको चने चबवाए।

इन दोनों ने ग्वालियर पर भी क्रांति का झंडा फहराया और नाना साहब को पेशवा घोषित किया, परंतु शीघ्र ही अंग्रेजों ने जून 1858 में ग्वालियर पर अधिकार कर लिया।

झाँसी पर अंग्रेजी सेना ने ह्यूरोज के नेतृत्व में 3 अप्रैल, 1858 को अधिकार कर लिया। ह्यूरोज ने रानी लक्ष्मीबाई की वीरता से प्रभावित होकर कहा कि भारतीय क्रांतिकारियों में यह अकेली मर्द है।

बरेली में खान बहादुर खाँ ने स्वयं को नवाब घोषित कर दिया। बिहार में जगदीशपुर के जमींदार कुँअर सिंह ने ब्रिटिश हुकूमत के खिलाफ विद्रोह का झंडा फहराया। बनारस में हुए विद्रोह को कर्नल नील ने दबाया। जगदीशपुर के विद्रोह को विलियम टेलर एवं मेजर आयर ने दबाया।

जुलाई 1858 तक क्रांति के सभी स्थानों पर विद्रोह को दबा दिया गया। 20 सितंबर, 1857 को हुमायूँ के मकबरे में शरण लिये हुए बहादुरशाह जफर को पकड़ लिया गया। उन पर मुकदमा चला तथा उन्हें बर्मा निर्वासित कर दिया गया।

❑

सुशीमा का युद्ध
(1905 ई.)

1904 ई. में रूस और जापान के मध्य युद्ध छिड़ने के साथ ही सुदूर पूरब में रूस का दबदबा घटता गया। पीला सागर और उलसान के युद्ध में रूस के प्रशांत नौसैनिक बेड़े को शिकस्त का सामना करना पड़ा। दूसरी तरफ, समुद्र तट पर जापानियों ने पोर्ट आर्थर पर कब्जा कर लिया।

जापान को सबक सिखाने के लिए रूस के शासक जार निकोलस द्वितीय ने रूसी बाल्टिक बेड़े के पाँच डिवीजन को प्रशांत क्षेत्र में भेजने का फैसला किया। जार को उम्मीद थी कि इस तरह जहाँ रूस के वर्चस्व को कायम रखा जा सकेगा, वहीं जापान की आपूर्ति के मार्ग को अवरुद्ध किया जा सकेगा।

15 अक्तूबर, 1904 को रूसी बेड़ा एडमिरल जिनोवी रोजेस्तवेंस्की के नेतृत्व में रवाना हुआ। इस बेड़े में ग्यारह युद्धपोत, 8 क्रूजर और 9 डिस्ट्रॉयर शामिल थे। रूसी नौसेना को सूचना मिली थी कि उस क्षेत्र में जापानी तोरपेडो पोतों को तैनात किया गया था।

जापानी पोत समझकर रूसी नौसेना ने डॉगर बैंक के पास ब्रिटिश पोतों पर हमला कर दिया, जिसकी वजह से ब्रिटेन नाराज हो गया और ब्रिटेन के पोतों ने रूसी बेड़े का पीछा करना शुरू कर दिया। काफी मुश्किल से इस गतिरोध को दूर किया जा सका।

ब्रिटेन ने रूसी बेड़े को सेज केनल का इस्तेमाल नहीं करने दिया, इसीलिए रूसी बेड़े को केप ऑफ गुड होप से होकर आगे बढ़ना पड़ा।

18 हजार मील की दूरी तय करने के बाद रूसी बेड़ा 14 अप्रैल, 1905 को इंडोनेशिया के केमरान बे बंदरगाह तक पहुँचा। यहाँ पहुँचकर रोजेस्तवेंस्की की मुलाकात रूस के तीसरे प्रशांत बेड़े के सेनापति से हुई और उसने आगे की रणनीति निर्धारित की।

2 जनवरी को पोर्ट आर्थर पर जापान ने कब्जा कर लिया था, इसलिए उसे मुक्त कराने के उद्‌देश्य से सम्मिलित रूसी बेड़े प्लाडीवोस्तोक की दिशा में रवाना हो गए।

जापान के संयुक्त बेड़े के एडमिरल हीहाचीरो तोगो को रूसी बेड़े के आगमन की सूचना मिल गई और उसने युद्ध की तैयारी शुरू कर दी। तोगो का बेड़ा उस समय कोरिया के पूसान बंदरगाह पर मौजूद था। इस बेड़े में युद्धपोत और 27 क्रूजर के अलावा कई डिस्ट्रॉयर पोत और तोरपेडो पोत शामिल थे।

तोगो ने अनुमान लगाया कि रोजेस्तवेंस्की की अगुवाई में रूसी बेड़ा प्लाडीवोस्तोक पहुँचने के लिए जफर सुशीमा मार्ग से होकर गुजरनेवाला था। उसने इलाके की निगरानी के लिए नौसैनिकों को तैनात कर दिया। तोगो स्वयं मिकासा नामक युद्धपोत पर सवार होकर युद्ध की सारी तैयारी करता रहा था।

जापानी नौसैनिकों ने युद्ध के दौरान तोपों से भीषण गोले बरसाने की तकनीक सीख ली थी। ये बारूदी गोले शत्रु के पोतों को बुरी तरह नुकसान पहुँचा सकते थे। जबकि रूसी नौसैनिक बंदूक से गोलीबारी की तकनीक ही अपना रहे थे।

रोजेस्तवेंस्की के बेड़े में भले ही चार नए और आधुनिक युद्धपोत शामिल थे, मगर बेड़े में शामिल ज्यादातर पोत पुराने और कमजोर थे। अनुभवहीन नौसैनिकों की फौज साथ होने से रोजेस्तवेंस्की का पलड़ा स्वाभाविक रूप से नीचे की तरफ झुक गया था।

उत्तर की तरफ बढ़ते हुए 26-27 मई, 1905 की रात रूसी बेड़े ने सुशीमा जलमार्ग को तेजी से पार करने की कोशिश की। जापानी नौसैनिकों

ने तोगो को रेडियो संदेश भेजकर रूसी बेड़े की मौजूदगी के बारे में बता दिया।

जापानी बेड़े का नेतृत्व करते हुए तोगो उत्तर दिशा से आगे बढ़ता आया। उसने अपने बेड़े के पोतों को खास अंदाज में तैनात किया था। दोपहर में जापानी बेड़े ने रूसी बेड़े पर आक्रमण कर दिया।

रोजेस्तवेंस्की अपने न्याज सुवोरोव पोत पर सवार था और उसका बेड़ा दो कॉलम में विभक्त होकर आगे बढ़ता आ रहा था। तोगो ने रूसी बेड़े का मार्ग अवरुद्ध कर दिया और सामने की तरफ से हमला करना शुरू कर दिया।

दोनों तरफ से गोलीबारी शुरू हो गई। जापान के पास रूस की तुलना में बेहतर हथियार थे और जापानी नौसैनिक अधिक अनुभवी थे। यही वजह थी कि रूसी पोतों को सबसे अधिक नुकसान पहुँचने लगा।

जापानी नौसैनिकों ने न्याज सुवोरोव पोत पर हमला कर रोजेस्तवेंस्की को बुरी तरह घायल कर दिया। जब पोत डूबने लगा, तब रोजेस्तवेंस्की को दूसरे पोत पर सुरक्षित पहुँचाया गया।

अब रूसी बेड़े का संचालन रियर एडमिरल निकोलई नेबोगातोव कर रहा था। शाम होने तक रूसी पोतों को काफी नुकसान पहुँचाया जा चुका था।

अँधेरा घिरते ही तोगो ने 37 तोरपेडो पोतों और 21 डिस्ट्रॉयर पोतों की सहायता से बड़े पैमाने पर हमला शुरू कर दिया। अगली सुबह नेबोगातोव ने जापानी नौसेना के सामने आत्मसमर्पण कर दिया।

सुशीमा के युद्ध में 21 रूसी पोतों को डुबो दिया गया और 6 पोतों पर अधिकार कर लिया गया। 4380 रूसी नौसैनिक इस युद्ध में मारे गए और 5917 नौसैनिक बंदी बनाए गए। जापानी बेड़े के महज 3 तोरपेडो पोतों को नुकसान पहुँचा और 117 जापानी नौसैनिक मारे गए।

❑

वालमी का युद्ध
(1792 ई.)

20 सितंबर, 1792 को जो वालमी का युद्ध हुआ, वह प्रथम गठबंधन सेना का पहला अहम युद्ध था, जिसके चलते नवजात फ्रेंच लोकतंत्र नष्ट होने से बच गया। फ्रांस में जब से क्रांति की शुरुआत हुई थी, उसके पड़ोसी देश पेरिस के घटनाक्रम की तरफ सतर्क होकर देखते रहे थे।

2 अगस्त, 1791 को प्रुसिया के नरेश और ऑस्ट्रिया के सम्राट् ने एक घोषणा-पत्र जारी कर फ्रांस में राजशाही को बहाल करने के लिए गठबंधन सेना बनाने की घोषणा की थी। 7 फरवरी, 1792 को ऑस्ट्रियाई-प्रुसियाई गठबंधन सेना की स्थापना की गई। यह सेना फ्रांस की पूर्वी सीमा का घेराव करने के लिए आगे बढ़ी। लेकिन युद्ध की घोषणा फ्रांस की तरफ से 20 अप्रैल, 1792 को की गई।

इससे पहले फ्रांस ने ऑस्ट्रियन नीदरलैंड्स पर जब हमला किया था तो उसे शिकस्त का सामना करना पड़ा था और फ्रेंच सेना की दशा शोचनीय हो चुकी थी। कई बेहतरीन सैन्य अधिकारी फ्रांस से भाग गए थे और उन्होंने अपनी जो सेना बनाई थी, उसे 'इमीग्रेस' कहा जाता था। ये सैन्य अधिकारी सुरक्षित ठिकानों से फ्रांसीसी क्रांति को असफल करने की साजिशें रचते रहे थे।

फ्रांस के सैनिक अपने बचे हुए अधिकारियों पर विश्वास नहीं कर पा रहे थे तो शक के आधार पर भीड़ कई सैन्य अधिकारियों की हत्या भी कर चुकी थी। गठबंधन सेना को पूरा यकीन था कि कमजोर फ्रेंच सेना को

कुचलकर लुई सोलहवें को सिंहासन पर आसानी से बिठाया जा सकता था।

गठबंधन सेना में प्रुसिया की तरफ से 40 हजार और ऑस्ट्रिया की तरफ से 30 हजार सैनिक शामिल हुए थे। इस सेना को पाँच हजार हेसियन लड़ाके और 15 हजार फ्रेंच इमीग्रेस समर्थन दे रहे थे।

इस गठबंधन सेना का नेतृत्व प्रुसिया का अनुभवी फील्डमार्शल कार्ल विलहेम फर्डीनंड ड्यूक ब्रुंसविक कर रहा था। मगर मैदान में सेना के साथ प्रुसिया का राजा फ्रेडरिक विलियम द्वितीय भी मौजूद था, इसलिए कार्ल की हैसियत कमजोर पड़ गई थी।

कार्ल और राजा के बीच युद्ध की योजना को लेकर मतभेद था। कार्ल 1792 में फ्रांस की सीमा पर जबरदस्त घेराबंदी कर अगले साल हमला करने के पक्ष में था, जबकि राजा तुरंत धावा कर देना चाहता था।

गठबंधन सेना कोबलेंज के इलाके से होकर फ्रांस पर हमला करना चाहती थी और सीमावर्ती दुर्गों लांगवी और वर्डन पर कब्जा करने के बाद पेरिस पर हमला करना चाहती थी। गठबंधन सेना को यकीन था कि इस तरह फ्रेंच सेना को कुचला जा सकता था।

फ्रांस की पूर्वी सीमा पर फ्रेंच सेना की दो रेजीमेंटों ने गठबंधन सेना के साथ मुकाबला किया था। हमले के साथ इन दोनों रेजीडेंटों के नेतृत्व में परिवर्तन किया गया था।

अप्रैल 1792 में जब युद्ध आरंभ हुआ तो अमरीकी स्वतंत्रता युद्ध के दो अनुभवी सेनापति लफायत और रोचांबी सेना का नेतृत्व कर रहे थे। रोचांबी ने इस्तीफा दे दिया था।

पेरिस में जिस तरह क्रांति तेज हो रही थी, उसे देखते हुए लफायत परेशान हो उठा था। 28 जून को उसने सम्राट् को गद्दी पर बिठाने की नाकाम कोशिश की थी और फिर भागकर ऑस्ट्रिया की शरण में चला गया था।

16 अगस्त को उत्तर में सेना का नेतृत्व जनरल चार्ल्स फ्रांसियस डुमोरिज ने सँभाल लिया। वहीं 27 अगस्त को देश के मध्य में जनरल फ्रांसियस इटीन क्रिस्टोफ केलरमेन ने सेना का नेतृत्व सँभाल लिया।

19 अगस्त को गठबंधन सेना ने हमला कर दिया। 23 अगस्त को लोंगवी पर कब्जा किया गया और 2 सितंबर को वर्डन पर कब्जा कर लिया गया। कार्ल धीमी रफ्तार से आगे बढ़ने की नीति अपनाना चाहता था, वहीं राजा तीव्रता से हमला करने के पक्ष में था।

वालमी नामक स्थान पर फ्रेंच और गठबंधन सेना आमने-सामने आ गई थीं। कार्ल अपने साथ 36 हजार सैनिकों को लेकर आगे बढ़ रहा था, वहीं डुमोरिज 18 हजार सैनिकों के साथ गठबंधन सेना को रोकने की कोशिश कर रहा था।

दोनों तरफ से गोलीबारी शुरू हो गई। फ्रेंच सेना ने गोलीबारी का डटकर मुकाबला किया। कार्ल ने पैदल सेना को आक्रमण करने का आदेश दिया, मगर उससे भी फ्रेंच सेना के उत्साह पर कोई फर्क नहीं पड़ा।

गठबंधन सेना ने तोप से गोला चलाकर उस वाहन में विस्फोट कर दिया, जिसमें फ्रेंच सेना के हथियार रखे हुए थे। फिर भी फ्रेंच सेना रास्ता छोड़ने के लिए तैयार नहीं हुई। कार्ल ने युद्ध रोकने का आदेश दिया। दोनों पक्षों को अधिक नुकसान नहीं हुआ था। गठबंधन सेना के 164 जवान मारे गए, जबकि फ्रेंच सेना के 300 जवान मारे गए। इस युद्ध के अगले दिन फ्रांस को लोकतांत्रिक राष्ट्र घोषित किया गया और 23 अक्तूबर को गठबंधन सेना वापस लौट गई।

❑

ट्राफलगर का युद्ध
(1805 ई.)

यह प्रसिद्ध सामुद्रिक युद्ध फ्रांस के सेनापति नेपोलियन तथा ब्रिटिश नौसेना के एडमिरल नेल्सन के मध्य 21 अक्तूबर, 1805 को भूमध्य सागर में जिब्राल्टर के निकट ट्राफलगर में लड़ा गया। इस युद्ध में नेपोलियन को पराजित होना पड़ा, जिसके परिणामस्वरूप नेपोलियन की यूरोप विजेता बनने की इच्छा अधूरी रह गई।

ऑस्ट्रिया को पराजित करने के पश्चात् नेपोलियन इंग्लैंड को अपने अधीन करने के प्रयत्न में लग गया था। उसकी यह योजना थी कि इंग्लैंड की नौसेना को भुलावे में डालकर मिस्र की ओर से अपनी सेना इंग्लैंड में उतार दी जाए। परंतु इसी दौरान दोनों पक्षों में समझौता हो जाने के कारण युद्ध थोड़े समय के लिए टल गया।

18 मई, 1803 को इंग्लैंड ने फ्रांस के विरुद्ध युद्ध की घोषणा कर दी। उस समय फ्रांसीसी नौसेना इंग्लैंड की अपेक्षा कमजोर थी। 1803 में कोई युद्ध नहीं हुआ, परंतु दोनों पक्षों में जोरदार युद्ध की तैयारी होती रही। 2 दिसंबर, 1804 को नेपोलियन ने सम्राट् की पदवी ग्रहण की।

1803 की सैनिक तैयारी के पश्चात् इंग्लैंड के सामने यह समस्या थी कि किस प्रकार विभिन्न बंदरगाहों में तैनात फ्रांसीसी जलयानों को वहीं रोका जाए तथा इंग्लिश चैनल की रक्षा की जाए। उनकी योजना यह थी कि यदि फ्रांसीसी जलयान बंदरगाहों से निकल जाएँ तो उसका बेड़ा इंग्लिश चैनल के पश्चिमी द्वार पर आ जाए।

दूसरी ओर नेपोलियन ने अपने नौसेना कमांडरों को अवरोध तोड़कर वेस्टइंडीज पहुँचकर अंग्रेजों को हानि पहुँचाने का आदेश दिया। जब नेल्सन ने यह सुना कि विलेन्यू घेरा तोड़कर निकल गया है तो नेल्सन पीछा करते हुए एलेक्जेंड्रिया पहुँचा। वहाँ पर भी शत्रु को न पाकर माल्टा पहुँचा और सारडीनिया के दक्षिण में शत्रु की प्रतीक्षा करने लगा। वहीं पर उसे विलेन्यू के वेस्टइंडीज जाने का समाचार दिया।

नेपोलियन की यह योजना थी कि वह अवरोध तोड़कर मारटिनिक में एकत्रित हो और उसैंट पहुँचकर अंग्रेजी बेड़े पर आक्रमण करे।

इस युद्ध में फ्रांस की ओर से विलेन्यू तथा इंग्लैंड की ओर से नेल्सन मुख्य रूप से था। विलेन्यू नेल्सन से आयु में छोटा था। यद्यपि विलेन्यू एक योग्य सैनिक था, परंतु वह सेनापति के योग्य नहीं था। दूसरी ओर नेल्सन बहुत ही साहसी एवं योग्य सेनापति था।

विलेन्यू में सबसे बड़ा दोष यह था कि वह नेल्सन से आतंकित था। इसी कारण जब वह कैडिज पहुँचा तो स्पेन के बेड़े को बिना साथ लिए ही पश्चिम की ओर चल दिया। जब नेल्सन को यह समाचार मिला तो वह विलेन्यू के पीछे लग गया, उसका यह कार्य नेपोलियन की योजना के पक्ष में था।

जब नेल्सन वेस्टइंडीज पहुँचा तो उसके आने का समाचार पाकर विलेन्यू यूरोप की ओर भाग खड़ा हुआ, यद्यपि उसे यह आदेश थे कि वह वहाँ 35 दिन रुककर फिराल पहुँचे और वहाँ से 15 जलयानों व ब्रेस्ट के 21 अवरुद्ध जलयानों सहित इंग्लिश चैनल पहुँचे। इधर नेल्सन भी 19 जुलाई को जिब्राल्टर पहुँचा। वहाँ से 3 अगस्त को उसे उसैंट पहुँचने का आदेश दिया।

जब इंग्लैंड की नौसेना को यह पता चला कि विलेन्यू विस्के की ओर भाग आया है, तो उसने इंग्लिश चैनल की सुरक्षा व्यवस्था को मजबूत किया तथा अवरोध करनेवाले जलयानों को वापस बुला लिया।

इधर विलेन्यू की ब्रेस्ट जानेवाले मार्ग पर अंग्रेजों की नौसैनिक टुकड़ी

से मुठभेड़ हो गई, जिसमें विलेन्यू को काफी हानि उठानी पड़ी। इसके बाद वह 1 अगस्त, 1805 को फिराल पहुँचा। वहाँ उसे नेपोलियन का यह आदेश प्राप्त हुआ कि वह ब्रेस्ट अथवा राकफोर्ट की नौसैनिक टुकड़ी के साथ आयरलैंड और स्कॉटलैंड का चक्कर लगाकर डच स्क्वैडर्न से मिले तथा स्टेट ऑफ गेबर पर अपना अधिकार जमा ले। यदि इस कार्य में सफलता न मिले तो कैडिज आ जाए। 17 जुलाई को एलीमंड राकफोर्ट विलेन्यू को मिलने के लिए चल दिया था। परंतु विलेन्यू को इसकी सूचना नहीं दी गई।

जब विलेन्यू ने एलीमंड के जलयानों को आते हुए देखा तो उन्हें शत्रु के जलयान जानकर वह दक्षिण की ओर बढ़ने लगा। यदि इसी समय वह अपने इस बेड़े से भी मिल जाता तो शायद युद्ध की परिस्थिति दूसरी ही होती।

21 अक्तूबर, 1805 की सुबह लगभग 11.45 बजे पहला फायर ब्रिटिश जलयान द्वारा आरंभ करके युद्ध का श्रीगणेश हो गया। फलिंगवुड ने रॉयल सोवरन नामक जलयान को विलेन्यू की पंक्ति में प्रवेश करा दिया, जिससे शत्रु को भारी आघात हुआ, परंतु वह शत्रु के बीच में घिर गया।

इसके बाद एक के बाद एक दूसरे ब्रिटिश जलयान फ्रांसीसी जलयानों के बेड़े में प्रवेश करने लगे तथा दोनों के मध्य जोरदार संघर्ष शुरू हो गया। इसी के साथ दोपहर बाद लगभग 3 बजे फ्रांसीसी सेना के 15 में से 10 जलयान पकड़कर नष्ट कर दिए गए।

फलिंगवुड के आक्रमण के लगभग 20 मिनट पश्चात् नेल्सन ने शत्रु पर आक्रमण किया तथा विलेन्यू की तलाश में शत्रु के सबसे बड़े जलयान की ओर रुख किया। उसी समय इस बड़े जलयान में विलेन्यू का झंडा लगा हुआ दिखाई दिया।

उसी दौरान उसके दो जलयानों ने 'व्यूसेंटा' पर आक्रमण किया तो नेल्सन ने 'रिडाउटेबल' नामक जलयान पर अपना प्रत्याक्रमण किया। दोनों जलयान एक-दूसरे के साथ बुरी तरह गुँथ गए, जिससे दोनों पक्षों के सैनिकों ने एक-दूसरे के जलयान में चढ़ने का प्रयास किया।

इसी समय इंग्लैंड के 'विक्टरी' नामक जलयान की गोलीबारी से घबराकर फ्रांसीसी सैनिक असफल हो गए।

इसी बीच नेल्सन को घातक रूप से गोली लगी, जिससे सायं 4.30 बजे उसकी मृत्यु हो गई। ब्रिटिश जलयानों ने जोरदार आक्रमण करके फ्रांसीसी जलयानों को भारी नुकसान पहुँचाया।

फ्रांसीसी सेना के 33 जलयानों से युद्ध समाप्त होने पर 9 जलयान तो कैडिज की ओर भाग रहे थे तथा शेष नष्ट कर दिए गए या उन पर कब्जा कर लिया गया। इस प्रकार इस युद्ध में इंग्लैंड को एक ऐतिहासिक सफलता प्राप्त हुई।

❑

लिपजिग का युद्ध
(1813 ई.)

यह प्रसिद्ध युद्ध अक्तूबर 1813 में नेपोलियन के नेतृत्व में फ्रांस द्वारा प्रशा, रूस तथा ऑस्ट्रिया आदि देशों के मध्य हुआ, जिसमें नेपोलियन की पराजय हुई। जिस समय नेपोलियन मास्को से वापस आया, उस समय यूरोप का वातावरण पूर्णतया परिवर्तित हो चुका था। लोगों में राष्ट्रीय भावना जाग्रत् हो चुकी थी, परंतु नेपोलियन को इस तथ्य का पता नहीं था, क्योंकि फ्रांस की जनशक्ति उसके साथ थी।

इसके साथ ही यूरोप के अधिकांश राज्य उसके अधिकार में थे। नेपोलियन ने वापस आते ही ऑस्ट्रिया से बातचीत आरंभ की, परंतु उसकी प्रशा की सेना के एक भाग के रूसियों से मिल जाने के कारण रूस एवं प्रशा के बीच समझौता हो गया। इस कारण प्रशा राज्य की जनता में भी जोश आ गया।

दूसरी ओर रूसी सेना वारसा में प्रवेश कर गई, जिससे वहाँ स्थित फ्रांसीसी सेना को एलबे नदी की ओर हटना पड़ा। उस समय नेपोलियन एक नई सेना संगठित करने में व्यस्त था।

अप्रैल 1813 के मध्य तक सवा दो लाख से भी अधिक सैनिकों की सेना तथा 450 तोपें नेपोलियन के पास थीं। इतने थोड़े समय में इतनी बड़ी सेना संगठित करना और इतनी ही आरक्षित सेना के रूप में तैयार करना एक महान् कार्य था। इस सबके बावजूद केवल सेना ही बदलती हुई परिस्थितियों में विजय प्राप्त करने के लिए पर्याप्त नहीं थी।

नेपोलियन की इस सेना के विरुद्ध रूस की सेना में लगभग 1,10,000 सैनिक थे, जबकि इसमें 30,000 अश्वारोही सैनिक थे, इसके अतिरिक्त प्रशा के भी 80,000 सैनिक थे।

नेपोलियन की योजना एलबे नदी पार करके तीन लाख सैनिकों के साथ स्केटिन पहुँचकर हेंजिक स्थित अपने सैनिकों को छुटकारा दिलाने की थी, इससे दो लाभ होते—पहला, युद्ध क्षेत्र प्रशा में हो जाता तथा दूसरा, रूस एवं प्रशा की सेनाएँ ऑस्ट्रिया से दूर हो जातीं। परंतु यह योजना सैनिकों की कमी के कारण पूरी नहीं हो सकी।

नेपोलियन की दूसरी योजना लिपजिग पहुँचकर ग्रेसडेंट जाने की थी, ताकि शत्रु एलबे नदी के पार जा सके, परंतु अश्वारोही सैनिकों की कमी के कारण उसे नदी का सहारा लेना पड़ा।

इस अभियान के आरंभ में नेपोलियन की प्रथम मुठभेड़ ल्युजेन तथा बाउजेन में हुई तथा दोनों ही स्थानों पर उसे सफलता प्राप्त हुई। परंतु यह सफलता निर्णायक नहींथी।

इसके बाद दोनों पक्षों के बीच समझौता हो गया तथा युद्ध बंद कर दिया गया। जून में नेपोलियन ड्रेसडेन वापस आया तथा एलबे नदी को अपना आपूर्ति आधार बनाने का निश्चय किया।

इस दौरान मित्र राष्ट्र भी अपनी गतिविधियों में लगे रहे और उन्होंने ऑस्ट्रिया को मिलाने के बाद बर्नाडेट को भी अपनी ओर मिला लिया। इसके साथ ही सभी ने तय किया कि अकेले-अकेले कोई भी नेपोलियन से नहीं लड़ेगा, बल्कि सब मिलकर काररवाई करेंगे।

इस संग्राम की प्रमुख मुठभेड़ माकर, लिडिना क्वाऊ और डालिज में हुई। जैसे ही उत्तरी क्षेत्र में नेपोलियन के सैनिक आक्रमण के लिए आगे बढ़े, उन्हें ब्लूसर के अग्रिम दस्तों द्वारा पीछे छोड़ दिया गया।

मित्र राष्ट्रों का लिडिना में काफी दबाव बढ़ गया था, जिससे नेपोलियन एवं उसके सेनापति नेय ने बराबर अपने प्रयास जारी रखे। इसी उद्देश्य से उसने अपनी सेना के दो डिवीजन लगातार इस ओर लगाए रखे।

दक्षिण की ओर प्रातः लगभग 9 बजे मित्र राष्ट्रों ने चार चरणों में आक्रमण किया, परंतु उन्हें पीछे धकेल दिया गया। ग्यारह बजे फ्रांसीसी सेना का अधिकार मार्कलेवरी पर हो गया। उस समय नेपोलियन की योजना थी कि शत्रु के केंद्र को तोड़कर उस पर पैदल सेना का आक्रमण किया जाए तथा दाहिनी ओर मेकडोवेल द्वारा हमला करके उसे नष्ट कर दिया जाए।

किंतु नेपोलियन को वहाँ से हटना पड़ा, जिसके कारण उसकी पैदल सेना द्वारा तुरंत आक्रमण न किया जा सका। फलतः म्यूराट में शत्रु ने सहायता पाकर प्रत्याक्रमण किया और म्यूराट तथा लारेस्टन दोनों जगहों से नेपोलियन के तोपखाने को पीछे धकेल दिया। इस अव्यवस्था के कारण फ्रांस की अन्य टुकड़ियों को भी पीछे हटना पड़ा।

16 अक्तूबर को जब युद्ध थम गया तो नेपोलियन को ज्ञात हुआ कि बवेरिया प्रांत भी शत्रु राष्ट्रों में मिल गया है। साथ ही वह उसकी संचार व्यवस्था को भी भंग करना चाहता है।

यह सुनकर नेपोलियन ने वापस लौटने का निश्चय किया और समय पाने के लिए मोटबेल्ट को संदेश लेकर भेजा, जिसका कोई परिणाम नहीं निकला। तब नेपोलियन ने अपने एक सेनापति को आदेश दिया कि वह वापस लौटनेवाले मार्ग को साफ कर दे।

अपनी जिद के कारण उसका इरादा 18 अक्तूबर से पहले हटने का नहीं था। यहाँ भी उससे भूल हो गई। अब भी उसके पास 1,60,000 सैनिक थे। वह लौटकर फ्रांस के पूर्वी सीमांत पर सरलता से मोरचेबंदी कर सकता था।

17 अक्तूबर को दोनों पक्ष पुनः तैयारी में जुटे रहे। मित्र राष्ट्र बर्नाडेट की प्रतीक्षा करते रहे। उनकी योजना दूसरे दिन 18 अक्तूबर को छह तरफ से आक्रमण करने की थी। आठ बजे प्रातः काल ही गोलीबारी शुरू हो गई तथा लिपजिग के चारों ओर जोरदार आक्रमण आरंभ हो गए।

इस अभियान में नेपोलियन के अग्रिम सैनिक दस्ते धीरे-धीरे पीछे हटते रहे। मित्र राष्ट्रों के सेनापति बर्नाडेट लगभग तीन बजे पहुँचे तो फ्रांस

की सेना पर पुनः आक्रमण हुआ, जिसे नेपोलियन ने प्रत्याक्रमण करके पीछे धकेल दिया। उस समय फ्रांसीसी सेना दृढ़ता के साथ डटी हुई थी।

19 अक्तूबर की सुबह लगभग सात बजे पुनः मित्र राष्ट्रों का जोरदार आक्रमण आरंभ हो गया। जब नेपोलियन को यह पता लगा कि बर्नाडेट वेसेनफेल पहुँचकर अपना मोरचा तैनात कर स्थिति ले चुका है, तो उसने लिडिना के पुल की ओर बढ़ना शुरू किया। लगभग 11 बजे पुल पार कर वह वहीं रुक गया।

मित्र राष्ट्र उस शहर को नष्ट करना चाहते थे। अतः वास्तविक संघर्ष 11 बजे के बाद ही प्रारंभ कर दिया। नेपोलियन की सारी सेना लिडिना के पुल को पार करे, उससे पहले ही उसके पुल को तोड़ दिया गया।

20 अक्तूबर को नेपोलियन ने वेसेलफेंस पर नदी पार की तथा रास्ते में बबेलिया की सेना को कुचलता हुआ 9 नवंबर को वापस पेरिस पहुँचा और इस युद्ध की समाप्ति हो गई।

❑

वाटरलू का युद्ध
(1815 ई.)

यह प्रसिद्ध युद्ध महान् सेनानायक नेपोलियन तथा अंग्रेज सेनानायक वेलिंग्टन के मध्य 18 जून, 1815 को लड़ा गया। वाटरलू बेल्जियम की राजधानी ब्रुसेल्स के दक्षिण में स्थित है। इस संग्राम का विशेष महत्त्व इसलिए है कि जिस नेपोलियन का लगभग समस्त यूरोप पर अधिकार हो गया था, उसे इस संग्राम में अपनी ही भूल के कारण पराजित होना पड़ा।

जिस महान् योद्धा के नाम से अनेक सेनापति भयभीत हो जाते थे, आखिर उसे ही इस संग्राम में पराजय स्वीकार करनी पड़ी। यह उसके जीवन का अंतिम अभियान था। इस संग्राम में पराजित होने के पश्चात् वह फिर कभी उठ नहीं सका।

जिस समय युद्ध आरंभ होना था उस समय वेलिंग्टन की सेना की स्थिति तथा नेपोलियन की सेना की स्थिति इस प्रकार थी—वेलिंग्टन ने सबसे आगे अपनी पैदल सेना को लगा रखा था तथा दोनों पार्श्व व पृष्ठ भाग में अपनी अश्वारोही सेना को तैनात किया था।

दूसरी ओर नेपोलियन ने अपनी सेना के अग्र भाग में तोपों को तैनात किया, उसके पीछे पैदल सेना व उसके दाएँ व बाएँ पार्श्व के साथ पृष्ठ भाग में भी अश्वारोही सेना को तैनात किया।

वेलिंग्टन की प्रथम रक्षा पंक्ति पहाड़ी के पीछे की ओर सुरक्षित थी।

18 जून को प्रातः 11.30 बजे नेपोलियन की तोपों के फायर से युद्ध शुरू हो गया। नेपोलियन की योजना के अनुसार होमोमांट पर शत्रु की सेना के सामने मात्र प्रदर्शन करना था, परंतु उसी दौरान उसकी सेना ने अधिकार करने

का प्रयत्न आरंभ कर दिया, जिससे युद्ध की स्थिति ही उलट गई।

अब नेपोलियन ने वेलिंग्टन के मध्य भाग पर आक्रमण करने का निश्चय किया, किंतु उसे दाहिने पार्श्व से पर्शियन सेना के आने का समाचार मिला तो उसने इस परिस्थिति का सामना करने के लिए अपने सेनापति ग्राउची को बुलवाया तथा अपनी एक टुकड़ी दाएँ पार्श्व की सुरक्षा के लिए लगा दी।

अपने सेनापति नेय को भी तुरंत आक्रमण का आदेश दिया, परंतु दोषपूर्ण समरतंत्र के कारण फ्रांसीसी सेनापति डी एरलान ने भी अपनी सेना को पहाड़ियों की ओर आगे बढ़ाया, परंतु चढ़ाई के कारण गति धीमी हो गई, अतः उसे भी मार खाकर पीछे हटना पड़ा।

ब्रिटिश अश्वारोही सेना ने तेजी के साथ घाटी पार करके फ्रांसीसी सेना पर आक्रमण कर दिया, परंतु शत्रु का दबाव बढ़ जाने के कारण उसे लौटना पड़ा। वेलिंग्टन की सेना काफी आगे बढ़ गई थी, अतः उसे काफी हानि उठानी पड़ी।

अपराह्न तीन बजे जब युद्ध थम गया तो दोनों ही पक्षों की हालत दयनीय थी। जब नेपोलियन को यह समाचार मिला कि ग्राउची उसकी सहायता के लिए नहीं आ सकता तो उसने युद्ध को रोकने का निश्चय किया।

उधर, वेलिंग्टन के लगभग 2,500 अश्वारोही सैनिक मारे गए तथा ब्लूसर के एडवांस गार्ड भी अभी तक नहीं पहुँच पाए थे।

नेपोलियन का इरादा यह था कि ब्लूसर की सहायता के पूर्व ही वेलिंग्टन पर जोरदार आक्रमण कर दिया जाए, जिसके लिए उसने अपनी व्यवस्था शुरू कर दी तथा इसी के साथ भीषण गोलाबारी भी आरंभ कर दी।

फ्रांसीसी सेनापति नेय ने बिना नेपोलियन की आज्ञा के ही बाएँ पार्श्व पर अश्वारोही सेना द्वारा आक्रमण कर दिया तथा जोश में आकर वेलिंग्टन के तोपखाने पर भी अधिकार कर लिया, परंतु उसके तोपखाने को नष्ट न करके पैदल सेना पर आक्रमण कर दिया।

इस आक्रमण के जवाब में वेलिंग्टन की अश्वारोही सेना ने फ्रांसीसी सेना को पीछे खदेड़ दिया तथा अपनी तोपों पर पुनः अधिकार करके उस पर फायर

कर दिया। इस दौरान नेय की सेना ने पुनः वेलिंग्टन की सेना पर अधिकार करने का प्रयास किया, परंतु पैदल व अश्वारोही सेनाओं तथा तोपखाने का एक साथ उपयोग न हो सकने के कारण वह आगे नहीं बढ़ पाया। नेपोलियन ने पैदल सेना को जब आगे बढ़ाया तो उसे भी बुरी तरह पराजित होना पड़ा।

इस दौरान नेपोलियन अपनी सेना का उत्साह बढ़ाने के लिए चारों ओर घूम रहा था। उसने इसी समय सेनापति को ला हाए सेंटे पर अधिकार करने का आदेश दिया। इस काररवाई में सेनापति नेय को सफलता भी मिल गई, परंतु उसके सैनिक बुरी तरह से थक चुके थे। इसी कारण उसने नेपोलियन से तुरंत सहायता देने का अनुरोध किया, परंतु दुर्भाग्यवश नेपोलियन सहायता नहीं दे सका।

यदि नेय को नेपोलियन की सहायता मिल जाती तो वेलिंग्टन पराजित हो जाता। स्थिति की गंभीरता का अध्ययन करके वेलिंग्टन ने स्वयं इस नाजुक मोरचे को आकर सँभाला, जो नेपोलियन के लिए अत्यंत हानिकारक सिद्ध हुआ। यही नेपोलियन की दूसरी भारी भूल सिद्ध हुई।

जिस समय फ्रांसीसी सेना का वेलिंग्टन पर अंतिम आक्रमण होनेवाला था, उसी समय वेलिंग्टन को सैनिक सहायता प्राप्त हो गई थी, जिससे उसने फ्रांसीसी दलों को खदेड़ दिया। वेलिंग्टन ने शत्रु को अस्त-व्यस्त देखा तो अपनी सेना को अंतिम आक्रमण का संकेत कर दिया तथा लगभग समस्त अश्वारोही सेना के साथ शत्रु पर टूट पड़ा। इस तरह नेपोलियन की सेना को पराजित होना पड़ा।

सैनिक पीछे की ओर भागने लगे। परंतु मित्र राष्ट्रों ने नेपोलियन तथा उसकी सेना को भागने नहीं दिया। 15 जुलाई, 1815 को एक ब्रिटिश नौसेनापति के समक्ष नेपोलियन ने आत्मसमर्पण कर दिया।

अंग्रेजों ने नेपोलियन को सेंट हेलेना द्वीप पर 3 सैनिक अधिकारी, 1 चिकित्सक तथा 12 सेवकों के साथ बंदी के रूप में रखा, जहाँ लंबी बीमारी के कारण 5 मई, 1821 को उसकी मृत्यु हो गई।

❑

इटली-अबीसीनिया युद्ध

(1935 ई.)

यह प्रसिद्ध युद्ध इटली के शासक मुसोलिनी के राज्य विस्तार की इच्छा के कारण लड़ा गया। वह अपने शासनकाल में देश के गौरव को बढ़ाने के लिए इस युद्ध के पूर्व कोई महत्त्वपूर्ण कार्य नहीं कर पाया था। अत: उसने परिस्थितियों का फायदा उठाते हुए अबीसीनिया को अपना लक्ष्य बनाया।

अबीसीनिया उत्तरी-पूर्वी अफ्रीका में स्थित एक छोटा राज्य है, जिसे अब इथोपिया के नाम से जाना जाता है। मुसोलिनी विकास के लिए युद्ध को एक महत्त्वपूर्ण पहलू मानता था। वह कहता था कि युद्ध मानव के लिए उतना ही आवश्यक है जितना स्त्री के लिए मातृत्व।

इसी कारण जापान ने जिस प्रकार से मंचूरिया पर अधिकार कर लिया था, उसी प्रकार मुसोलिनी ने अबीसीनिया पर अधिकार करने के लिए कूटनीतिक चालों का सहारा लिया।

अबीसीनिया सामरिक दृष्टि से एक विशेष महत्त्वपूर्ण स्थान था। इसी कारण इटली सर्वप्रथम इस पर अपना अधिकार करना चाहता था। मुसोलिनी ने भूमध्य सागर पर अधिकार करने के लिए अबीसीनिया को अपना आधार बनाया, क्योंकि इससे ब्रिटेन पर व सूडान पर आक्रमण करना भी आसान हो सकता था। साथ ही स्वतंत्र राज्यों के खनिज पदार्थों का दोहन करने का अवसर प्राप्त किया जा सकता था।

उस समय राष्ट्रसंघ की दुर्बलता तथा यूरोप में हिटलर के बढ़ते कदम

के कारण पश्चिमी राष्ट्र इटली के लिए बाधा उत्पन्न नहीं कर सकते थे। अत: मौके का फायदा उठाते हुए इटली ने 1925 में इंग्लैंड के साथ संधि करके अबीसीनिया की कुछ रियासतों को प्राप्त कर लिया।

अबीसीनिया उस समय राष्ट्रसंघ का सदस्य था। अत: उसने अपनी रियासतें इटली को दिए जाने के विरोध में राष्ट्रसंघ से शिकायत की। मुसोलिनी ने 1928 में अबीसीनिया से संधि कर ली।

उसका यह बहाना था कि वह ब्रिटिश चंगुल से अफ्रीका के उपनिवेश इरीट्रिया तथा सोमाली लैंड को बचाना चाहता है।

इटली आधुनिक एवं उन्नत श्रेणी के हथियारों से संपन्न था। अत: अबीसीनिया का उसके सामने टिक पाना बहुत मुश्किल था, क्योंकि अब उसे ब्रिटेन से भी हथियारों की आपूर्ति नहीं हो रही थी तथा अमरीका ने भी तटस्थता की नीति अपनाकर युद्धरत देशों को हथियार देने बंद कर दिए थे।

इन सब परिस्थितियों के कारण अबीसीनिया की प्रतिरक्षात्मक स्थिति बहुत नाजुक हो गई थी। मजबूरी के कारण ही उसे युद्ध स्वीकार करना पड़ा। 1935 में अबीसीनिया पर इटली ने आक्रमण कर दिया, जिससे आक्रमण के प्रथम अभियान में ही इटली के सैनिकों ने अपने श्रेष्ठ हथियारों एवं समरतंत्र के बल पर अबीसीनिया के सैनिकों को नहीं टिकने दिया।

उसी दौरान राष्ट्रसंघ ने इटली को आक्रांता घोषित करके उसके विरुद्ध अनेक प्रतिबंध लगा दिए, जिनमें तेल को छोड़कर, धन, कच्चा माल तथा हथियार भी शामिल थे। ब्रिटेन उसके तेल निर्यात पर भी प्रतिबंध लगवाना चाहता था, परंतु फ्रांस और इटली की मित्रता के कारण यह संभव नहीं हुआ।

फ्रांस एवं ब्रिटेन के बीच अबीसीनिया के मामले को लेकर एक गुप्त समझौता हुआ, परंतु वह समझौता सफल नहीं हो सका, क्योंकि उस समझौते का पता सबको लग गया था। इस समझौते के आधार पर यह तय किया गया था कि अबीसीनिया का दो-तिहाई भाग इटली को प्रदान कर दिया जाए। अगर यह समझौता सफल हो जाता तो इटली को बिना लड़े ही अबीसीनिया के दो-तिहाई हिस्से पर कब्जा मिल जाता।

इटली ने राष्ट्रसंघ के प्रतिबंधों के बावजूद अपना आक्रमण अभियान जारी रखा तथा इस युद्ध में विषाक्त रासायनिक गैसों और डमडम की बनी उन गोलियों का भी प्रयोग किया, जिनका प्रयोग करना पूर्ण रूप से वर्जित था।

इन घातक एवं संहारक हथियारों के प्रयोग से अबीसीनिया की सेना इटली की सेना के आगे ठहर नहीं सकी। आखिरकार मई 1936 में अबीसीनिया की राजधानी आदिशअबाबा में भी इटली की सेना ने अपना झंडा फहरा दिया और अपने अधिकार की घोषणा भी कर दी। इस प्रकार अक्तूबर 1935 के इस आक्रमण का अंत मई 1936 में हो गया।

इस युद्ध के परिणामस्वरूप इटली का साम्राज्य विस्तार तो हो ही गया, साथ ही सामरिक एवं आर्थिक दृष्टिकोण से महत्त्वपूर्ण क्षेत्र अबीसीनिया पर पूर्ण रूप से कब्जा हो गया।

1930–32 की आर्थिक मंदी के कारण परेशान इटली को खनिज संपदा से संपन्न क्षेत्र भी प्राप्त हो गया, जिससे उसकी आर्थिक समस्या का समाधान मिल गया।

इटली के इस आक्रमण से राष्ट्रसंघ की प्रतिष्ठा को भारी आघात अवश्य पहुँचा। जापान के बाद इटली ने राष्ट्रसंघ की मर्यादा को भंग कर दिया। अब छोटे–छोटे देशों में यह भावना उत्पन्न हो गई कि स्वयं शक्तिशाली होना आवश्यक है, क्योंकि राष्ट्रसंघ के द्वारा रक्षा की आशा करना व्यर्थ होगा।

इस युद्ध के फलस्वरूप ब्रिटेन एवं फ्रांस ने मुसोलिनी की नीति का विरोध किया, परंतु जर्मनी ने तटस्थता की नीति अपनाई। इससे जर्मनी एवं इटली में मित्रता स्थापित हो गई और दोनों में 26 अक्तूबर, 1936 को एक समझौता हो गया। इस प्रकार पश्चिमी देशों में एक बार फिर नए सिरे से गुटबंदी शुरू हो गई।

❑

यारमुक का युद्ध
(636 ई.)

636 ई. में लड़ा गया यारमुक का युद्ध अरब इतिहास का एक निर्णायक मोड़ साबित हुआ था। इस युद्ध के जरिए यूरोप में मुसलिम वर्चस्व के विस्तार की भावी संभावनाओं पर विराम लग गया था।

यह युद्ध अरब सेनापति खालिद इब्न अल वालिद और बाइजंटाइन सम्राट् हरक्यूलस के बीच लड़ा गया था। इस युद्ध में स्पष्ट हो गया कि अरब के नए युद्ध-कौशल के बावजूद बाइजंटाइन सेना के हथियारों को मात दे पाना आसान नहीं था।

इस युद्ध के समापन के बाद अरब शासकों ने बाइजंटाइन साम्राज्य से टकराने का इरादा छोड़ दिया और उन्होंने अपना ध्यान मध्य और दक्षिणी एशिया की तरफ केंद्रित करना शुरू कर दिया।

अरब सेना से लड़ते हुए बाइजंटाइन सेना ने अश्वारोही सेना की सफलता के कौशल को सीख लिया था और बाद में उसी कौशल का इस्तेमाल मध्य यूरोप और रूस पर जीत हासिल करने के लिए किया था।

अरब के नए धर्म को दूर-दूर तक पहुँचाने के लिए अरब के खलीफा अबू बकर ने युद्ध की योजना काफी सूझ-बूझ के साथ तैयार की थी। एक प्रसिद्ध गणितज्ञ होने के नाते उसने अपनी इसी विद्या का प्रयोग करते हुए युद्ध की योजना बनाई थी।

बकर एक ही हमले के जरिए अपने दो शत्रु देशों पर्सिया और बाइजंटियम को अपने अधीन कर लेना चाहता था। ये दोनों विशाल देश थे,

मगर अपेक्षाकृत रूप से कमजोर थे। इन देशों के बीच वर्षों से नफरत की आग सुलगती रही थी।

बकर का मानना था कि उसके अभियान के मार्ग में रुकावट डालनेवाली दूसरी कोई सैन्यशक्ति मौजदू नहीं थी। बकर ने ऐसा सोचते हुए पजर्स नामक सैन्यशक्ति को नजरअंदाज कर दिया था।

बकर का मानना था कि सबसे पहले भविष्य के अपने सबसे बड़े प्रतिद्वंद्वी बाइजंटियम को परास्त करना आसान था। फिर उसकी सेना आगे धावा बोलकर पर्सिया पर भी अधिकार कर सकती थी।

अबू बकर ने युद्ध की योजना अपने अनुभवी सेनापति खालिद को समझा दी और 636 ई. के शुरुआती महीने में हमला करने का आदेश दिया।

उस समय बाइजंटाइन साम्राज्य का ध्यान पर्सिया के साथ हो रहे सीमा विवादों में उलझा हुआ था और जब अरब सेना ने उसके ऊपर हमला कर दिया तो वह स्वाभाविक रूप से दंग रह गया। अरब की तरफ से आक्रमण की उसने कल्पना नहीं की थी।

आनन-फानन में सम्राट् हरक्यूलस ने अरब के आक्रमण का जवाब देने के लिए अपनी सेना को संगठित कर लिया। हरक्यूलस की सेना में अरब की सेना की तुलना में ज्यादा सैनिक थे। उसके पास दक्ष अश्वारोही सैनिकों और गोला-बारूद बरसानेवाले सैनिकों के दस्ते थे, जो युद्ध में अरब सैनिकों को तबाह करने की क्षमता रखते थे।

अरब सेनापति खालिद बाइजंटाइन सेना की ताकत को भाँपकर अपनी रणनीति तैयार करने लगा। उसने आमने-सामने की जंग लड़ने का इरादा छोड़ दिया और अपने अश्वारोही तीरंदाजों को दूर से ही बाइजंटाइन सैनिकों पर तीर बरसाने का आदेश दे दिया।

हरक्यूलस ने उसकी रणनीति को नाकाम करने के लिए अपनी सेना के बेहतरीन तीरंदाजों को आक्रमण करने के लिए भेज दिया।

इस संघर्ष में दोनों पक्षों के काफी सैनिक मारे गए। इसके बाद हरक्यूलस के सैनिक वापस लौटने लगे। अरब के सैनिकों ने उनका पीछा करना शुरू

कर दिया। पीछा करते हुए वे अपनी पैदल सेना को काफी पीछे छोड़ आए।

उसी समय हरक्यूलस की अश्वारोही सेना ने आक्रमण कर अरब सेना को रौंदकर रख दिया।

इस संघर्ष में एक-तिहाई अरबी घोड़े मारे गए। भारी तादाद में अरब के सैनिक मारे गए।

खालिद एक साहसी योद्धा था और इस पराजय से वह हतोत्साहित नहीं हुआ। अगले ही वर्ष उसने पर्सिया पर हमला किया और कदीशिया के युद्ध में येज्दीगई तृतीय को पूरी तरह पराजित कर दिया।

लेकिन, इस युद्ध के बाद अरब जगत् की तरफ से यूरोप पर आक्रमण का सिलसिला रुक गया।

वर्ष 640 ई. में अरब सेना ने वर्तमान युग के इजरायल, लेबनान, सीरिया और जोर्डन पर अधिकार कर लिया और मिस्र के साथ युद्ध शुरू कर दिया।

700 ई. तक इस्लाम का वर्चस्व मध्य-पूर्व, उत्तरी अफ्रीका, पर्सिया आदि देशों में हो चुका था और स्पेन पर हमले की तैयारी शुरू हो चुकी थी।

भले ही यारमुक को आज दुनिया में ज्यादातर लोग नहीं जानते, मगर यही वह स्थान था, जहाँ इतिहास की दिशा को मोड़ देनेवाला निर्णायक युद्ध हुआ था।

❑

हल्दी घाटी का युद्ध
(1576 ई.)

हल्दी घाटी का युद्ध मुगल बादशाह अकबर और महाराणा प्रताप के बीच 18 जून, 1576 को लड़ा गया था। अकबर और राणा के बीच यह युद्ध महाभारत युद्ध की तरह विनाशकारी सिद्ध हुआ था।

ऐसा माना जाता है कि इस युद्ध में न तो अकबर जीत सका और न ही राणा हारे। मुगलों के पास सैन्यशक्ति अधिक थी तो राणा प्रताप के पास जुझारू शक्ति की कोई कमी नहीं थी। उन्होंने आखिरी समय तक अकबर से संधि की बात स्वीकार नहीं की और मान-सम्मान के साथ जीवन व्यतीत करते हुए लड़ाइयाँ लड़ते रहे।

उदय सिंह 1541 ई. में मेवाड़ के राणा हुए थे, जब कुछ ही दिनों के बाद अकबर ने मेवाड़ की राजधानी चित्तौड़ पर चढ़ाई की। मुगल सेना ने आक्रमण कर चित्तौड़ को घेर लिया था, लेकिन राणा उदय सिंह ने अकबर की अधीनता स्वीकार नहीं की।

हजारों मेवाड़ियों की मृत्यु के बाद जब उन्हें लगा कि चित्तौड़गढ़ अब नहीं बचेगा, तब उदय सिंह ने चित्तौड़ को 'जयमल' और 'पत्ता' आदि वीरों के हाथ में छोड़ दिया और स्वयं उपरावली के घने जंगलों में चले गए।

वहाँ उन्होंने नदी की बाढ़ रोककर 'उदय सागर' नामक सरोवर का निर्माण किया था। वहीं उदय सिंह ने अपनी नई राजधानी उदयपुर बसाई। चित्तौड़ के विध्वंस के चार वर्ष बाद ही उदय सिंह का देहांत हो गया। उनके

बाद महाराणा प्रताप ने भी युद्ध जारी रखा और मुगल अधीनता स्वीकार नहीं की।

हल्दी घाटी का युद्ध भारतीय इतिहास में प्रसिद्ध है। इस युद्ध के बाद महाराणा प्रताप की युद्ध नीति छापामार लड़ाई की रही थी।

अकबर ने मेवाड़ को पूर्ण रूप से जीतने के लिए 18 जून, 1576 को आमेर के राजा मान सिंह एवं आसफ खाँ के नेतृत्व में मुगल सेना को आक्रमण के लिए भेजा।

दोनों सेना के मध्य गोगुडा के निकट अरावली पहाड़ी की हल्दी घाटी शाखा के मध्य युद्ध हुआ। इस युद्ध में राणा प्रताप पराजित हुए।

लड़ाई के दौरान अकबर ने कुंभलमेर दुर्ग से महाराणा प्रताप को खदेड़ दिया तथा मेवाड़ पर अनेक आक्रमण करवाए, किंतु प्रताप ने अधीनता स्वीकार नहीं की। युद्ध राणा प्रताप के पक्ष में निर्णायक नहीं हो सका। खुला युद्ध समाप्त हो गया था, किंतु संघर्ष समाप्त नहीं हुआ था। भविष्य में संघर्षों को अंजाम देने के लिए प्रताप एवं उनकी सेना युद्धस्थल से हटकर पहाड़ी प्रदेश में आ गई थी।

युद्ध में सलीम (बाद में जहाँगीर) पर राणा प्रताप के आक्रमण को देखकर असंख्य मुगल सैनिक उस तरफ बढ़े और प्रताप को घेरकर चारों तरफ से प्रहार करने लगे।

प्रताप के सिर पर मेवाड़ का राजमुकुट लगा हुआ था। इसलिए मुगल सैनिक उसी को निशाना बनाकर वार कर रहे थे। राजपूत सैनिक भी राणा को बचाने के लिए प्राण हथेली पर रखकर संघर्ष कर रहे थे।

परंतु धीरे-धीरे प्रताप संकट में फँसते ही चले जा रहे थे। स्थिति की गंभीरता को परखकर झाला सरदार मन्नाजी ने स्वामिभक्ति का एक अपूर्व आदर्श प्रस्तुत करते हुए अपने प्राणों की बाजी लगा दी।

झाला सरदार मन्नाजी तेजी के साथ आगे बढ़ा और उसने राणा प्रताप के सिर से मुकुट उतारकर अपने सिर पर रख लिया। वह तेजी के साथ कुछ दूरी पर जाकर घमासान युद्ध करने लगा।

मुगल सैनिक उसे ही प्रताप समझकर उस पर टूट पड़े। राणा प्रताप जो कि इस समय तक बहुत बुरी तरह घायल हो चुके थे, उन्हें युद्धभूमि से दूर निकल जाने का अवसर मिल गया।

उनका सारा शरीर अनगिनत घावों से लहूलुहान हो चुका था। युद्धभूमि से जाते–जाते प्रताप ने मन्नाजी को मरते देखा।

राजपूतों ने बहादूरी के साथ मुगलों का मुकाबला किया, परंतु मैदानी तोपों तथा बंदूकधारियों से सुसज्जित शत्रु की विशाल सेना के सामने समूचा पराक्रम निष्फल रहा।

युद्धभूमि पर उपस्थित बाईस हजार राजपूत सैनिकों में से केवल आठ हजार जीवित सैनिक युद्धभूमि से किसी प्रकार बचकर निकल पाए।

इस प्रकार हल्दी घाटी के इस भयंकर युद्ध में बड़ी सादड़ी के जुझारू सरदार मन्नाजी ने राणा की पगड़ी लेकर उनका शीश बचाया।

राणा अपने बहादुर सरदार का जुझारूपन कभी नहीं भूल सके। इस युद्ध में राणा का प्राणप्रिय घोड़ा चेतक अपने स्वामी की रक्षा करते हुए शहीद हो गया और इसी युद्ध में उनका अपना बागी भाई शक्ति सिंह भी उनसे आ मिला और उनकी रक्षा में उसका भाई–प्रेम उजागर हो उठा था।

❑

डबलिन युद्ध
(1916 ई.)

डबलिन युद्ध को ईस्टर विद्रोह के नाम से जाना जाता है। यह विद्रोह केवल डबलिन नगर तक ही सीमित रहा था।

21 अप्रैल, 1916 को ब्रिटिश सेना ने जर्मन हथियारों की एक खेप को जब्त किया था, जिसकी वजह से राजधानी से बाहर इसके प्रभाव को फैलने से रोका जा सका।

लेकिन आंदोलनकारियों को जिस तरह के परस्पर विरोधी आदेश मिल रहे थे उसकी वजह से भ्रम की स्थिति पैदा हो गई थी। आइरिश आंदोलनकारियों को अपने मुख्यालय और विद्रोही नेताओं की तरफ से आदेश मिला कि ईस्टर के दिन रविवार 23 अप्रैल को निर्धारित विद्रोह को एक दिन के लिए टाल दिया जाए।

सोमवार को दिन के ग्यारह बजे आइरिश सिटिजन आर्मी के साथ आंदोलनकारी डबलिन में पहले से निर्धारित कई सभास्थलों पर एकत्रित हुए और दोपहर से पहले शहर के भीतरी इलाकों में उन्होंने कई महत्त्वपूर्ण इमारतों पर कब्जा कर लिया।

इन इमारतों का चयन राजधानी के मुख्य मार्गों को नियंत्रित करने के लिए किया गया था और विद्रोही ऐसी इमारतों का उपयोग रणनीतिक रूप से सैन्य छावनी के तौर पर करना चाहते थे।

आंदोलनकारियों ने जिन इमारतों पर अधिकार किया उनमें जनरल पोस्ट ऑफिस, चार न्यायालय भवन, जैकल्स फैक्टरी, बोलैंड्स बेकरी,

साउथ डबलिन यूनियन, सेंट स्टीफन ग्रीन और कॉलेज ऑफ सर्जन की इमारतें प्रमुख थीं।

जिस तेजी के साथ घटनाएँ घटी थीं, ब्रिटिश खुफिया विभाग उसका अनुमान लगा पाने में बुरी तरह असफल साबित हुआ था।

ज्यादातर इमारतों पर आंदोलनकारियों ने बल प्रयोग किए बिना ही अधिकार कर लिया था और विद्रोहियों ने तुरंत रक्षात्मक मोरचे का निर्माण शुरू कर दिया था।

विद्रोहियों के लिए जनरल पोस्ट ऑफिस विद्रोह का केंद्र-बिंदु था। इसे विद्रोहियों ने अपने मुख्यालय के रूप में तब्दील कर दिया था। विद्रोहियों ने अपनी जो अस्थायी सरकार घोषित की, उसका मुख्यालय भी जनरल पोस्ट ऑफिस ही था।

विद्रोहियों के पाँच प्रमुख नेता मुख्यालय में तैनात थे। वे थे—पर्स, खार्क, कोनोली, मेकडोरमोट और प्लंकेट।

विद्रोहियों को जिस ब्रिटिश हमले की आशंका थी, वह तुरंत शुरू नहीं हुआ था। जब विद्रोह शुरू हुआ तब लगभग एक हजार विद्रोहियों पर काबू पाने के लिए शहर में केवल 400 सैनिक मौजूद थे।

सैनिकों ने जहाँ तुरंत अतिरिक्त सैनिकों को भेजने की माँग की, वहीं विद्रोहियों की शक्ति और उनके अड्डों के बारे में सूचनाएँ भी जुटाईं।

जैसे-जैसे सप्ताह गुजरने लगा, संघर्ष तेज होता गया। इसके साथ ही सड़कों पर भी खून-खराबा शुरू हो गया।

माउंट स्ट्रीट ब्रिज इलाके में सैनिकों को काफी नुकसान का सामना करना पड़ा। उस इलाके में तुरंत पहुँची सेना ने आगे बढ़कर विद्रोहियों पर धावा बोला। विद्रोही पहले से चौकियाँ बनाकर सुरक्षित दायरे में मौजूद होकर हमले कर रहे थे।

इस संघर्ष में जहाँ 234 सैनिक मारे गए, वहीं विद्रोहियों की तरफ से महज पाँच व्यक्ति मारे गए।

कई मामलों में सेना की अनुशासनहीनता के उदाहरण नजर आए। 28

और 29 अप्रैल को भयंकर गोलीबारी के दौरान सैनिकों पर आरोप लगा कि उन्होंने नॉर्थ किंग स्ट्रीट इलाके में 15 निहत्थे लोगों को गोलियों से भून दिया था।

विद्रोह को कुचलने के लिए ब्रिटिश सरकार तत्पर हो उठी थी। डबलिन में सैनिकों की तादाद बढ़ाई जा रही थी। 28 अप्रैल को 1600 विद्रोही (सप्ताह भर में और भी लोग संघर्ष से जुड़ गए थे) बीस हजार सैनिकों के साथ संघर्ष कर रहे थे।

बृहस्पतिवार को जनरल पोस्ट ऑफिस का संपर्क दूसरे विद्रोहियों से काट दिया गया। अगले दिन इस इमारत पर गोला-बारूद बरसाया गया। इस रणनीति का असर हुआ। अब विद्रोही नेताओं के सामने जान बचाने के लिए इमारत से बाहर निकलकर बिना शर्त समर्पण करने के सिवा कोई चारा नहीं बचा था।

राजधानी और आसपास के इलाकों में संघर्ष कर रहे विद्रोहियों को जब उनके नेताओं के हथियार डालने की सूचना दी गई तो वे भी हथियार डालने के लिए तैयार हो गए।

इसके विद्रोह के दौरान 450 व्यक्ति मारे गए, 2614 व्यक्ति घायल हुए और 9 लोग लापता हो गए।

ज्यादातर हिंसक घटनाएँ डबलिन में ही हुई थीं। डबलिन से 10 मील उत्तर में एशबोर्न में हिंसा की एक घटना हुई थी।

116 सैनिक मारे गए थे, 368 घायल हुए थे और 9 लापता हो गए थे। आइरिश और डबलिन पुलिस बल के 16 जवान मारे गए और 29 घायल हुए। कुल 254 आम नागरिक मारे गए। जनबहुल इलाकों में झड़पें होने के कारण आम नागरिक मारे गए थे।

❑

अटलांटिक का युद्ध
(1939-1943 ई.)

अटलांटिक का युद्ध अटलांटिक महासागर में द्वितीय विश्वयुद्ध के दौरान 1939 ई. से 1943 ई. तक मित्र देशों और धुरी देशों की नौसेना के बीच लड़ा गया था।

विंस्टन चर्चिल ने अटलांटिक युद्ध की अहमियत को स्वीकार किया था, चूँकि इसके जरिए अटलांटिक महासागर में जहाजों के आवागमन के मार्ग को प्रशस्त करने की योजना को अंजाम दिया गया था।

मित्र देश चाहते थे कि धुरी देशों के जलमार्ग को अवरुद्ध कर दिया जाए, जिससे उनकी आक्रमण क्षमता घट सकती थी और उनका मनोबल भी कमजोर हो सकता था। मित्र देश अपने मार्ग को सुरक्षित बनाकर जल-युद्ध में विजय हासिल करना चाहते थे।

संघर्ष के तौर पर द्वितीय विश्वयुद्ध के लिए अटलांटिक युद्ध का विशेष महत्त्व माना जाता है। यह एक ऐसा युद्ध था, जिसमें सैनिक अपने-अपने देश से हजारों मील की दूरी पर जल में और जमीन पर लड़ रहे थे। द्वितीय विश्वयुद्ध के लिए सैनिकों और रसद की आपूर्ति करना प्रत्येक देश के लिए अहम दायित्व बन गया था।

जब द्वितीय विश्वयुद्ध समाप्त हो गया तब चर्चिल ने स्वीकार किया कि अटलांटिक युद्ध को लेकर उन्हें काफी घबराहट महसूस होने लगी थी। जर्मन यू बोटों ने युद्ध के दौरान आतंक का माहौल पैदा कर दिया था। जल-

युद्ध में मित्र देशों की सेना के लिए यू बोटों का मुकाबला करना कठिन चुनौती से कम नहीं था।

ब्रिटेन के पास दुनिया का सबसे बड़ा समुद्री बेड़ा था, जिसमें तीन हजार छोटे और एक हजार बड़े जहाज शामिल थे। इन जहाजों पर एक लाख साठ हजार नौसैनिकों को आसानी से तैनात किया जा सकता था।

दूसरी तरफ प्रथम विश्वयुद्ध की तबाही के चलते जर्मनी की नौसेना की हालत कमजोर बनी हुई थी। युद्ध के आरंभ में जर्मनी को इस बात का अंदाजा नहीं था कि जल–युद्ध में यू बोट का प्रयोग कितना विध्वंसक साबित हो सकता था। उसे महज 46 पोतों को हमले करने के लिए तैनात किए थे।

ब्रिटिश नौसेना ने दिसंबर 1939 में युद्धपोत ग्राफ स्पी को डुबो दिया था और 1941 में 'बिस्मार्क' नामक युद्धपोत को डुबो दिया था। लेकिन 1940 के ग्रीष्मकाल के दौरान जर्मन यू बोटों ने आतंक मचाना शुरू कर दिया।

ब्रिटेन को कठिनाई का सामना करना पड़ रहा था। पश्चिमी अटलांटिक क्षेत्र में ब्रिटेन की वायुसेना निगरानी कर पाने में असमर्थ थी और इस तरह यू बोटों पर नजर रख पाना संभव नहीं था। हालाँकि मित्र देशों ने आइसलैंड पर कब्जा कर लिया था, जो सामरिक दृष्टि से उपयोगी साबित हो सकता था। निगरानी रखने की जिम्मेदारी कनाडा की नौसेना ने उठा ली।

अटलांटिक युद्ध वास्तव में 1941 के बाद तीव्र हुआ, जब यू बोटों के कप्तानों ने अपने अभियानों को तेज करने का फैसला किया।

यू बोटों के जर्मन कमांडर एडमिरल डोनित्ज ने रात्रि के समय दुश्मन के युद्धपोतों पर हमला करने की रणनीति तैयार की।

ब्रिटिश नौसेना ने यू बोट नामक पनडुब्बियों की गतिविधियों पर नजर रखने के लिए शुरू में एसडिक नामक पोतों का प्रयोग किया। मगर एसडिक के जरिए रात के अँधेरे में पनडुब्बियों पर नजर रख पाना मुमकिन नहीं था।

जब जर्मनी ने नार्वे और फ्रांस पर जीत हासिल कर ली तो उसे अपने युद्ध क्षेत्र का विस्तार करने का अवसर मिल गया और वह विमानों की सहायता से अटलांटिक क्षेत्र की निगरानी भी करने लगा। विमानों की

सहायता से यू बोटों तक रसद की आपूर्ति होने लगी। यू बोटों के घातक प्रभाव को भाँपते हुए जर्मनी ने उसके अधिकाधिक इस्तेमाल पर जोर देना शुरू कर दिया।

ब्रिटेन अपने बंदरगाहों से जहाजों को हटाने के लिए मजबूर हो गया और उत्तरी अमरीका तक जहाजों को पहुँचाने में उसे काफी कठिनाई होने लगी। ब्रिटेन ने अमरीका से संधि करते हुए 50 युद्धपोत हासिल किए।

मई 1941 में अमरीका भी इस युद्ध में कूद पड़ा और पश्चिमी अटलांटिक क्षेत्र में निगरानी का दायित्व उसने स्वीकार कर लिया। जर्मन पनडुब्बी ने अमरीकी युद्धपोत रूबेन जेम्स को डुबो दिया।

रूस पर जर्मनी के आक्रमण, पर्ल हार्बर की तबाही और युद्ध में जापान के कूदने के साथ अटलांटिक युद्ध के परिदृश्य में भी बदलाव आ गया। अब अमरीका को सबसे ज्यादा खतरा जापान से महसूस होने लगा था। अमरीका युद्धपोतों की सुरक्षा कर पाने में नाकाम हो रहा था और जर्मन पनडुब्बियों ने बंदरगाहों पर खड़े अनेक जहाजों को नष्ट कर दिया था।

1943 में ब्रिटेन ने जर्मनी के रेडियो संदेशों के आधार पर पनडुब्बियों के ठिकानों पर हमला करना शुरू कर दिया था। अप्रैल-मई में इस तरह की 45 पनडुब्बियों को नष्ट कर दिया गया था। 23 मई, 1943 को जर्मनी ने यू बोटों के प्रयोग को स्थगित करने का फैसला किया था।

❑

बालकन युद्ध
(1912-1913 ई.)

बालकन युद्ध 1912–1913 ई. में बालकन पेनिनसुला के देशों के बीच ओटोमेन साम्राज्य के आधिपत्यवाले यूरोपीय क्षेत्रों पर अधिकार करने के लिए लड़ा गया। इस युद्ध की वजह से यूरोपीय देशों के आपसी रिश्ते बुरी तरह प्रभावित हुए और जिस तरह की शत्रुतापूर्ण परिस्थिति पैदा हुई, उसी के चलते 1914 में प्रथम विश्वयुद्ध छिड़ने की नौबत आ गई।

1877–78 में रूस–टर्किश युद्ध की समाप्ति के बाद 13 जुलाई, 1878 को बर्लिन संधि हुई। इस संधि के तहत बुलगारिया को स्वायत्तता प्रदान की गई। बचे हुए बुलगारियाई प्रांत, जो ईस्टर्न रूमेलिया कहलाता था, ओटोमेन साम्राज्य के अधीन कर दिया गया।

1885 में ईस्टर्न रूमेलिया में क्रांति हो गई और वह प्रांत मूल बुलगारिया के साथ मिल गया। इस तरह की विलय की घटना से रूस क्षुब्ध हो उठा।

रूस ने उस समय बुलगारिया की सेना में तैनात सभी रूसी अधिकारियों को वापस बुला लिया और सर्बिया के राजा मिलान ने सोचा कि अपने राज्य की सीमा का विस्तार करने का सुनहरा अवसर उसके सामने आ गया था।

14 नवंबर, 1885 को सर्बिया ने बुलगारिया के विरुद्ध युद्ध की घोषणा कर दी। पाँच महीने से भी कम अवधि तक चले इस युद्ध में सर्बिया को पराजित होना पड़ा, मगर ऑस्ट्रिया के हस्तक्षेप करने के कारण पूरी तरह बर्बाद होने से बच गया।

इसके बाद कई तरह की साजिशें रची गईं। बुलगारिया के शासक

एलेक्जेंडर प्रथम को रूसी एवं बुलगारिया षड्यंत्रकारियों ने अगवा कर लिया। उसे देश से निर्वासित होने के लिए मजबूर किया गया। एक साल बाद प्रिंस फर्डीनांड को गद्दी पर बिठाया गया।

बालकन क्षेत्र की गड़बड़ियों के पीछे ऑस्ट्रिया षड्यंत्रकारी की भूमिका निभाता रहा। ऑस्ट्रिया के विदेश मंत्रियों ने स्लाव देशों (बुलगारिया और सर्बिया) तथा गैर-स्लाव देशों (मिस्त्र और रोमानिया) के बीच नफरत बढ़ाने की कोशिश की।

1908 में ऑस्ट्रिया ने जब बोस्निया-हर्जेगोविना पर अधिकार कर लिया तो ऑस्ट्रिया और सर्बिया के बीच युद्ध छिड़ गया।

मार्च 1912 में सर्बिया ने बुलगारिया के साथ एक समझौता कर लिया। उसी साल मई में मिस्त्र ने बुलगारिया के साथ सैन्य गठबंधन कर लिया। 1912 की गर्मियों में बालकन पेनिनसुला में तनाव की स्थिति बढ़ती गई। असल में 14 अगस्त को बुलगारिया ने एक पत्र भेजकर ओटोमेन साम्राज्य से माँग की थी कि ओटोमेन साम्राज्य के एक प्रांत मेसेडोनिया को स्वतंत्र बना दिया जाए।

30 सितंबर तक बालकन देशों ने अपनी लामबंदी पूरी कर ली और आठ दिनों के बाद मोंटेनेगरो ने ओटोमेन साम्राज्य के विरुद्ध युद्ध की घोषणा कर दी। 18 अक्तूबर को मोंटेनेगरो के समर्थन में बालकन देशों की गठबंधन सेना युद्ध में शामिल हो गई।

अगले दो महीनों में बालकन गठबंधन सेना ने ओटोमेन साम्राज्य की सेना से लड़ते हुए कई मोरचों पर निर्णायक जीत हासिल की। इस तरह अलबानिया, मेसेडोनिया सहित दक्षिण-पूर्वी यूरोप के कई प्रांतों को ओटोमेन साम्राज्य से छीन लिया गया।

नवंबर के उत्तरार्ध में ओटोमेन साम्राज्य ने सुबह की प्रार्थना की और 3 दिसंबर को दोनों पक्षों ने एक संधि पर दस्तखत किए। लेकिन मिस्त्र संधि के लिए राजी नहीं हुआ और उसने अपने सैन्य अभियान को जारी रखा। उसी महीने दोनों पक्षों के अलावा प्रमुख यूरोपीय शक्तियों ने लंदन में बैठक

आयोजित कर बालकन मसले पर विचार-विमर्श किया।

ओटोमेन ने बालकन गठबंधन की संधि की शर्तों को मानने से इनकार कर दिया और 6 जनवरी, 1913 को यह बैठक भंग कर दी गई। 23 जनवरी को ओटोमेन साम्राज्य का तख्तापलट हुआ और एक राष्ट्रवादी शासक सत्ता में आ गया, जिसने युद्ध को फिर आरंभ कर दिया।

परवर्ती संघर्ष के दौरान मिस्र ने आयोनिना, अलबानिया और एड्रियनपोल पर अधिकार कर लिया।

19 अप्रैल, 1913 को ओटोमेन साम्राज्य ने बुलगारिया, मिस्र और सर्बिया के साथ युद्ध-विराम समझौता किया। मोंटेनिगरो ने कुछ दिनों के बाद युद्ध-विराम समझौते को अपना लिया।

30 मई को लंदन में संधि हुई। इस संधि के तहत ओटोमेन साम्राज्य क्रिटी द्वीप मिस्र को देने के लिए सहमत हो गया।

❑

इम्माउस का युद्ध
(ई.पू. 166)

इम्माउस का युद्ध ई.पू. 166 में यहूदियों और यूनानियों के मध्य हुआ था। सिकंदर महान् ने जिस साम्राज्य को जीता था, उसके एक हिस्से पर एंटियोकुस का शासन चल रहा था। इस हिस्से को सिकंदर ने अपने सेनापति सेल्यूकस को दिया था। प्राचीन पर्शियन साम्राज्य का अंग रह चुका इजरायल इजिप्ट साम्राज्य का अंग बन चुका था। इस साम्राज्य के सारे शासक टोलेमी के नाम से जाने जाते थे।

लेकिन एंटियोकस को उसके दरबारी 'दूसरे सिकंदर' के नाम से पुकारते थे। वह अपने साम्राज्य का विस्तार करना चाहता था। जब इजिप्ट और सेल्यूसिड साम्राज्य के बीच जंग छिड़ गई तो टोलेमी भागकर छिपने के लिए इजिप्ट पहुँच गया।

युद्ध के दौरान इजरायल विभाजित हो गया। कुछ लोग टोलेमी का समर्थन कर रहे थे और कुछ लोग एंटियोकस का। टोलेमी समर्थकों का यरूशलम पर आधिपत्य था। एंटियोकस नगर में घुसा और उसने टोलेमी समर्थकों का सफाया करना शुरू कर दिया। उसने महान् पूजागृह को भी नुकसान पहुँचाया।

एंटियोकस यहूदी धर्म को नष्ट कर देना चाहता था और बलपूर्वक नागरिकों पर अपना धर्म थोपना चाहता था। वह इजरायल के सभी नगरों में अपने दूतों को भेज रहा था। ये दूत लोगों से जाकर कहते थे कि उन्हें राजा के धर्म को अपनाना पड़ेगा।

मोदिन गाँव के यहूदी पुरोहित मेथियस ने राजा के धर्म को मानने से इनकार कर दिया और उसने राजा के भेजे गए दूत की हत्या कर दी।

इतना ही नहीं, मेथियस ने अपने पुत्रों को साथ लेकर अपने धर्म की रक्षा के लिए सेना बनाई और छापामार तरीके से लड़ना शुरू कर दिया। रात के वक्त यह सेना यूनानी सैनिकों पर टूट पड़ती थी और उनका काम तमाम कर देती थी। इन छापामारों को स्थानीय नागरिकों का भरपूर समर्थन मिल रहा था।

यहूदियों के प्रतिरोध को देखते हुए यूनानियों ने उन्हें कुचलने की तैयारी शुरू कर दी थी और इसके लिए भारी-भरकम सेना बनाई थी। इसी दौरान मेथियस का देहांत हो गया। मेथियस के स्थान पर उसका पुत्र जूडास अब यहूदी सेना का नेतृत्व कर रहा था।

यूनानी सेनापति अपनी सेना को लेकर समेरिया पहुँचा। वह यहूदियों पर हमला करना चाहता था। जूडास ने अधिक तत्परता से आक्रमण किया। वह अपने सैनिकों को लेकर समेरिया पहुँच गया और यूनानी सेना पर हमला बोल दिया। इस संघर्ष में यूनानियों को भारी नुकसान का सामना करना पड़ा। यूनानी सेना मैदान छोड़कर भागने के लिए मजबूर हुई। इस युद्ध में 800 यूनानी मारे गए।

राजा एंटियोकस यहूदियों की बढ़ती ताकत को देखकर चिंतित हो उठा। उसने खजाना खोल दिया और भारी तादाद में किराए के सैनिकों को सेना में भरती किया। उसने भारी तादाद में हथियार और हाथी खरीदे। युद्ध के मैदान में हाथी को काफी अहमियत दी जाती थी।

सैन्य तैयारियों के नाम पर एंटियोकस का पूरा खजाना खाली हो गया था। उसने खजाने को भरने के लिए लगान वसूलने का फैसला किया। वह अपनी आधी सेना को साथ लेकर पर्सिया और दूसरे पूर्वी प्रांतों की तरफ रवाना हो गया।

वह अपने पीछे चचेरे भाई लिसियस को साम्राज्य के पश्चिमी हिस्से का प्रभारी बनाकर छोड़ गया। उसने लिसियस को आदेश दिया कि वह एक

मजबूत सेना को इजरायल भेजकर यहूदियों को पूरी तरह नष्ट कर दे।

लिसियस ने जार्जियास, टोलेमी और निकानोर को सेनापति बनाकर लड़ने के लिए मजबूत सेना को इजरायल भेज दिया। यूनानी सेना ने इम्माउस नगर के पास छावनी बनाई।

दूसरी तरफ जूडास ने भी यूनानियों के आक्रमण का करारा जवाब देने के लिए रणनीति बनाई। उसने 10, 50, 100 और 1000 के समूह में सैनिकों की टुकड़ियाँ बनाईं। यहूदियों के पास जो हथियार थे, वे यूनानियों की तरह बेहतरीन नहीं थे।

जूडास ने इम्माउस नगर के दक्षिणी हिस्से में मोरचाबंदी कर ली थी। जूडास ने अपने सैनिकों को जज्बाती तरीके से संबोधित करते हुए कहा कि उन्हें अपने धर्म की रक्षा के लिए अंतिम समय तक लड़ना था।

वैसे, जूडास की रणनीति शहीद होने की नहीं थी, बल्कि युद्ध में वह विजय हासिल करना चाहता था।

जूडास रात के अँधेरे में अपने सैनिकों को लेकर यूनानियों की छावनी के पास पहुँच गया। वह मुँह-अँधेरे ही यूनानियों पर आक्रमण कर देना चाहता था। इसी तरह की रणनीति बनाकर यूनानी सेनापति जार्जियस कुछ सैनिकों को लेकर यहूदियों की छावनी के पास छिप गया था। लेकिन जब हमले की घड़ी आई तो हमने पाया यहूदियों की छावनी में एक भी सैनिक मौजूद नहीं था।

जूडास ने यूनानियों की छावनी में आग लगा दी और यहूदियों ने तीन हजार यूनानी सैनिकों को मार डाला। जूडास की विजय के बाद इजरायल एक शताब्दी से अधिक समय तक स्वतंत्र देश बना रहा।

❑

बँगलादेश का युद्ध
(1971 ई.)

16 दिसंबर, 1971 को बँगलादेश बना था। भारत की पाकिस्तान पर इस ऐतिहासिक जीत को 'विजय दिवस' के रूप में मनाया जाता है। पाकिस्तान पर यह जीत कई मायनों में ऐतिहासिक थी। भारत ने 93 हजार पाकिस्तानी सैनिकों को घुटने टेकने पर मजबूर कर दिया था।

कई सालों के संघर्ष और पाकिस्तान की सेना के अत्याचार और बँगलाभाषियों के दमन के विरोध में पूर्वी पाकिस्तान के लोग सड़कों पर उतर आए थे। 1971 में आजादी के आंदोलन को कुचलने के लिए पाकिस्तानी सेना ने पूर्वी पाकिस्तान के विद्रोह पर आमदा लोगों पर जमकर अत्याचार किए। लाखों लोगों को मौत के घाट उतार दिया गया और अनगिनत महिलाओं की आबरू लूट ली गई।

भारत ने पड़ोसी के नाते इस जुल्म का विरोध किया और आंदोलनकारियों की मदद की। इसका नतीजा यह हुआ कि भारत और पाकिस्तान के बीच सीधी जंग हुई। इस लड़ाई में भारत ने पाकिस्तान को घुटने टेकने पर मजबूर कर दिए, इसके साथ ही दक्षिण एशिया में एक नए देश का उदय हुआ।

14 अगस्त, 1947 को धर्म पर आधारित स्वतंत्र पाकिस्तान देश का गठन हुआ। तत्कालीन पाकिस्तान के दो भाग थे—पूर्वी एवं पश्चिमी पाकिस्तान एवं दोनों ही भाग में सामाजिक, आर्थिक एवं शैक्षणिक समानताएँ नहीं थीं। संसाधनों के अनुसार पूर्वी पाकिस्तान ज्यादा समृद्ध था लेकिन राजनीतिक रूप से पश्चिमी पाकिस्तान ज्यादा प्रखर एवं हावी था।

इस प्रकार एक ही देश के दो भागों में पाई जानेवाली सामाजिक एवं आर्थिक विषमताएँ एवं प्रबद्ध जनों के द्वारा सत्ता के ऊपर नियंत्रण करने की प्रवृत्ति ही देशव्यापी असंतोष एवं अंत में 1971 में बँगलादेश के गठन का कारण बनी।

पाकिस्तान के गठन के समय पश्चिमी क्षेत्र में सिंधी, पठान, बलोच और मुजाहिरों की बड़ी संख्या थी, जबकि पूर्वी हिस्से में बँगला बोलनेवालों का बहुमत था। हालाँकि पूर्वी भाग में राजनीतिक चेतना की कभी कमी नहीं रही, लेकिन पूर्वी हिस्सा देश की सत्ता में कभी भी उचित प्रतिनिधित्व नहीं पा सका एवं हमेशा राजनीतिक रूप से उपेक्षित रहा।

इससे पूर्वी पाकिस्तान के लोगों में जबरदस्त नाराजगी थी और इसी नाराजगी का राजनीतिक लाभ लेने के लिए बँगलादेश के नेता शेख मुजीब-उर-रहमान ने अवामी लीग का गठन किया और पाकिस्तान के अंदर ही और स्वायत्ता की माँग की।

1970 में हुए आम चुनाव में पूर्वी क्षेत्र में शेख की पार्टी ने जबरदस्त विजय हासिल की। उनके दल ने संसद में बहुमत भी हासिल किया, लेकिन बजाय उन्हें प्रधानमंत्री बनाने के, उन्हें जेल में डाल दिया गया और यहीं से पाकिस्तान के विभाजन की नींव रखी गई।

1971 के समय पाकिस्तान में जनरल याहया खान राष्ट्रपति थे और उन्होंने पूर्वी हिस्से में फैली नाराजगी को दूर करने के लिए जनरल टिक्का खान को जिम्मेदारी दी। लेकिन उनके द्वारा दबाव से मामले को हल करने के प्रयास किए गए, जिससे स्थिति पूरी तरह बिगड़ गई।

25 मई, 1971 को पाकिस्तान के इस हिस्से में सेना एवं पुलिस की अगुवाई में जबरदस्त नरसंहार हुआ। इससे पाकिस्तानी सेना में काम कर रहे पूर्वी क्षेत्र के निवासियों में जबरदस्त रोष हुआ और उन्होंने अलग मुक्तिवाहिनी बना ली।

पाकिस्तानी फौज का निरपराध, हथियारविहीन लोगों पर अत्याचार जारी रहा, जिससे लोगों का पलायन आरंभ हो गया, जिसके कारण भारत ने

अंतरराष्ट्रीय समुदाय से लगातार अपील की कि पूर्वी पाकिस्तान की स्थिति सुधारी जाए, लेकिन किसी देश ने ध्यान नहीं दिया। और वहाँ के विस्थापित लगातार भारत आते रहे तो अप्रैल 1971 में तत्कालीन प्रधानमंत्री इंदिरा गांधी ने मुक्तिवाहिनी को समर्थन देकर बँगलादेश को आजाद करवाने का निर्णय लिया।

बँगलादेश बनने से पहले पूर्वी पाकिस्तान में पाकिस्तानी सेना ने स्थानीय नेताओं और धार्मिक चरमपंथियों की मदद से मानवाधिकारों का हनन किया। 25 मार्च, 1971 को शुरू हुए ऑपरेशन सर्चलाइट से लेकर पूरे बँगलादेश की आजादी की लड़ाई के दौरान पूर्वी पाकिस्तान में जमकर हिंसा हुई।

बँगलादेश सरकार के मुताबिक इस दौरान करीब 30 लाख लोग मारे गए। हालाँकि, पाकिस्तान सरकार की ओर से गठित किए गए महदूर रहमान आयोग ने इस दौरान सिर्फ 26 हजार आम लोगों की मौत का नतीजा निकाला।

पाकिस्तानी सेना के इशारे पर रजाकरों, अल शम्स और अल बड ने तत्कालीन पूर्वी पाकिस्तान में बँगलाभाषी अल्पसंख्यकों और बँगलाभाषी मुसलिमों पर अत्याचार किए और जमकर मानवाधिकारों का उल्लंघन किया। उनके द्वारा किए गए अमानवीय अत्याचार के प्रमाण आज तक बँगलादेश में सामूहिक कब्रों के रूप में मिलते रहे हैं।

बँगलाभाषियों के खिलाफ किए गए अत्याचार का पता ढाका में मौजूद अमरीकी वाणिज्यिक दूतावास से भेजे गए टेलीग्राम से लगता है। इस टेलीग्राम के मुताबिक बंगालियों के खिलाफ युद्ध की पहली ही रात को ढाका विश्वविद्यालय में छात्रों और आम लोगों को सरेआम मौत के घाट उतार दिया गया। उन सभी इलाकों में नरसंहार किए गए, जहाँ से विरोध की आशंका थी।

बँगलादेश युद्ध की सबसे खास बात यह थी कि भारत ने यह जंग महज 13 दिनों में न सिर्फ जीत ली, बल्कि दुश्मन सेना से आत्मसमर्पण भी

करवा लिया। इतने कम समय में एक युद्ध को अंजाम तक पहुँचा देना वाकई ऐतिहासिक है।

अंतिम जीत भले ही भारत को 16 दिसंबर को मिली हो, लेकिन निर्णायक सफलता तो 6–7 दिसंबर को ही मिल गई थी।

इसके पहले लग रहा था कि जमीनी लड़ाई में भारतीय जवानों के सामने मुश्किलें और बढ़ेंगी। भारतीय सेना उस वक्त पूर्वी पाकिस्तान के उत्तर–पश्चिमी इलाके में दुश्मनों से मोर्चा ले रही थी। 7 दिसंबर को भारतीय सेना ने पाकिस्तानी फौज को जबरदस्त शिकस्त दी। इसके साथ ही भारत की फतह की कहानी शुरू हो गई, जिसे भारतीय वायुसेना ने बखूबी अंजाम दिया।

❑

खाड़ी युद्ध
(1990-91 ई.)

पश्चिमी एशिया क्षेत्र विगत अनेक वर्षों से युद्ध की खींचतान में उलझा था, किंतु इस बार अमरीका ने इसे प्रत्यक्ष रूप से अपनी प्रतिष्ठा के साथ जोड़ा और एक महान् विनाश का खतरनाक खेल खेला।

इस क्षेत्र का युद्ध से जुड़ने का प्रमुख कारण इराक, इजरायल, ईरान, इस्लाम और ईंधन रहा है। इराक-कुवैत विवाद की जड़ एक यह भी थी कि 1923 में इराक-कुवैत का सीमांकन सही रूप में नहीं किया गया था। इसी कारण इराक के प्रधानमंत्री नूरी असअद ने 1954 में कुवैत को बगदाद समझौते में शामिल करने का सुझाव दिया, ताकि सीमा समस्या को हल किया जा सके।

इराक ने कुवैत के समक्ष यह भी प्रस्ताव रखा कि वह इराक को बारवाह द्वीप दे दे तथा इसके बदले में इराक उसे शव-अल-अरब दरिया का पेयजल प्रदान करता रहेगा, किंतु कुवैत ने इसे स्वीकारा नहीं।

25 जून, 1961 को जब ब्रिटेन द्वारा कुवैत को पूर्ण स्वतंत्र राज्य घोषित किया गया तो तत्कालीन इराकी प्रधानमंत्री अब्दुल करीम कासिम ने यह घोषणा कर दी कि उन्हें कुवैत की स्वतंत्रता स्वीकार नहीं और कुवैत इराक का अंग है।

इस प्रतिक्रिया पर कुवैत के शेख ने 7 जुलाई, 1961 को 6,000 सैनिक ब्रिटेन से बुलाकर सीमा पर तैनात कर दिए। प्रधानमंत्री अब्दुल करीम कासिम के अपदस्थ होने पर मामला शांत हो गया।

1973 में अस-समिथ नामक सीमा क्षेत्र पर कुवैत-इराक के मध्य

सैनिक झड़पें हुईं, जिससे विवाद की जड़ों को विकसित होने का अवसर मिलता रहा।

सद्दाम हुसैन ने इराक में बाथ पार्टी के प्रमुख नेता के रूप में अपना राजनीतिक जीवन शुरू किया। 1968 में एक क्रांति के जरिए सद्दाम ने अपनी पार्टी को सत्तासीन किया। जनरल अहमद के कार्यकाल में बतौर उपराष्ट्रपति सद्दाम ने सुरक्षा घेरा मजबूत किया और कई आंदोलनों को हिंसा से कुचला। वह 1979 में राष्ट्रपति बने और 2003 के अमरीकी आक्रमण तक राष्ट्रपति बने रहे।

ईरानी क्रांति से उपजे भय और इराकी शियाओं को ईरानी समर्थन के डर से 1980 में ईरान के साथ सद्दाम ने युद्ध छेड़ दिया। आठ वर्षों तक चले इस बीसवीं सदी के सबसे लंबे और परंपरागत युद्ध को फारस खाड़ी का युद्ध भी कहा जाता है।

शुरू में इराक ने बढ़त बनाई मगर बाद में ईरान ने न केवल अपनी पूरी जमीन वापस ली बल्कि इराकी जमीन पर भी कब्जा किया।

अनुमान के अनुसार, इस युद्ध में पाँच लाख लोगों की जानें गईं। अंत में संयुक्त राष्ट्रसंघ के माध्यम से एक संधि हुई और ईरान ने कब्जा की हुई जमीन छोड़ी। इस युद्ध में कुवैत और अमरीका का समर्थन इराक को प्राप्त था। युद्ध के लिए कुवैत ने इराक को विपुल धनराशि उपलब्ध कराई।

युद्ध समाप्त होने के बाद इराक की अर्थव्यवस्था कर्ज में डूब गई। इराक ने कुवैत को कर्ज माफ करने के लिए कहा, जिस पर सहमति नहीं हो सकी और इराक ने कुवैत पर हमला कर दिया।

दो दिन के भीतर इराक ने पूरे कुवैत पर कब्जा कर लिया और आनन-फानन में कुवैत को इराक का 29वाँ प्रांत घाषित कर दिया।

यह आक्रमण अंतरराष्ट्रीय जगत् को नागवार गुजरा और संयुक्त राष्ट्रसंघ से स्वीकृति लेकर अमरीका के नेतृत्व में 34 देशों की सेना ने इराक को कुवैत से खदेड़ा। यहीं से नींव पड़ी अमरीका के इराक आक्रमण की।

सद्दाम अपनी जिद और महत्त्वाकांक्षा में सैन्यशक्ति का विस्तार करना

चाहता था। उसने परमाणु तकनीक हासिल करने की भरपूर कोशिश की। अमरीका के विरुद्ध उग्रवादियों को समर्थन दिया।

अमरीका ने सद्दाम के परमाणु और रासायनिक हथियारों के खिलाफ दुनिया के देशों को विश्वास में लेकर इराक पर चढ़ाई कर दी। एक लाख से ज्यादा इराकी मारे गए। अरबों डॉलर खर्च हुए।

इराक में अमरीका का एक सैनिक पर सालाना खर्च 2 करोड़ रुपए था। इसी से अनुमान लगा सकते हैं अमरीकी खर्च का।

यह खर्च और इतनी जानों का जाना शायद वाजिब होता, यदि इराक की स्थिति पहले से बेहतर होती।

यह बात और है कि पश्चिमी देशों द्वारा लगाया परमाणु और रासायनिक हथियारों का आरोप बेबुनियाद निकला। ठीक उसी तरह जैसे मीडिया ने सद्दाम के बॉडी डबल की सनसनी दुनिया में फैलाई थी।

इराक सद्दाम के वहशी चंगुल से तो निकल गया किंतु धार्मिक और जातीय कट्टरवाद में धँस गया, जिस पर सद्दाम ने अंकुश लगा रखा था। स्थिति अराजकता की है और तंत्र पूरा भ्रष्ट हो चुका है। अमरीका अपनी जनता और अंतरराष्ट्रीय दबावों में आकर इराक छोड़कर जा चुका है और आम जनता हिंसा में वैसे ही पिस रही है, जैसे पहले पिस रही थी।

इस युद्ध के प्रमुख कारण निम्नलिखित थे—

1. तेल राजनीति
2. इराक की आर्थिक विपन्नता और कुवैत की आर्थिक संपन्नता
3. सद्दाम हुसैन की दृढ़धर्मिता
4. सद्दाम हुसैन की त्रुटिपूर्ण सामरिक योजना
5. अमरीका के इशारों पर चलता संयुक्त राष्ट्रसंघ
6. गुटनिरपेक्ष आंदोलन की निष्क्रियता
7. अमरीकी राष्ट्रपति जॉर्ज बुश की प्रतिष्ठा का प्रश्न
8. इराक को ईरान तथा सोवियत संघ का नैतिक सहयोग।

❑

मनीला बे का युद्ध
(1898 ई.)

स्पेनिश–अमरीकी युद्ध (अप्रैल–अगस्त 1898) की शृंखला में प्रथम संघर्ष मई 1898 में फिलीपींस के मनीला बे में हुआ, जिसमें अमरीकी एशियाटिक समुद्री बेड़े ने स्पेनिश प्रशांत समुद्री बेड़े को नेस्तनाबूद कर डाला।

इस युद्ध में अमरीका को जीत हासिल हुई। इसके साथ ही अमरीकी महाद्वीप में स्पेनिश औपनिवेशिक शासन का अंत हो गया और पश्चिमी प्रशांत एवं लातिन अमरीकी इलाकों पर अमरीका ने कब्जा कर लिया।

स्पेनिश–अमरीकी युद्ध का बीजारोपण उस विद्रोह से हुआ, जो 1895 में क्यूबा में स्पेनिश शासन के खिलाफ सुलग उठा था। छापामार युद्ध को कुचलने के लिए स्पेनिश शासन ने नृशंसता का सहारा लिया था। क्यूबा की ग्रामीण आबादी को जिन यातनाओं का सामना करना पड़ा था, उसकी विस्तृत खबरें अमरीकी समाचार–पत्रों में प्रकाशित हुई थीं और एक तरह के अमानुषिक अत्याचार के खिलाफ अमरीकी जनमत सुलग उठा था।

जनवरी 1898 में हवाना में हिंसा फैलने के बाद अमरीकी सरकार ने अपने नागरिकों की सुरक्षा सुनिश्चित करने के लिए युद्धपोत यूएसएस मेराइन को समुद्र तट पर तैनात करने का आदेश दिया।

15 फरवरी को एक रहस्यमयी धमाका हुआ, जिससे अमरीकी युद्धपोत हवाना बंदरगाह पर समुद्र में डूब गया। इस पोत में मौजूद 400 अमरीकी नौसैनिकों में से 260 नौसैनिक मारे गए।

मार्च में अमरीकी नौसैनिक अदालत ने घटना की जाँच की रिपोर्ट पर विचार करते हुए बताया कि बारूद के विस्फोट के कारण अमरीकी युद्धपोत डूब गया था। हालाँकि इस हादसे के लिए सीधे तौर पर स्पेन को जिम्मेदार नहीं बताया गया था।

ज्यादातर अमरीकी सांसदों और नागरिकों का मानना था कि उस घटना के पीछे स्पेन का ही हाथ था। जनता युद्ध की घोषणा करने के लिए सरकार पर दबाव डाल रही थी।

अप्रैल में अमरीकी संसद् युद्ध के लिए तैयार हो गई। संसद् ने अपने प्रस्ताव के जरिए क्यूबा से स्पेन की वापसी की माँग की और अमरीकी राष्ट्रपति विलियम मेकिनली (1843–1901) को बल प्रयोग करने का अधिकार दे दिया।

23 अप्रैल को मेकिनली ने 125000 वालंटियर्स से स्पेन के विरुद्ध युद्ध छेड़ने का आह्वान किया। उसके अगले ही दिन स्पेन ने युद्ध छेड़ने की घोषणा कर दी। अमरीका ने 25 अप्रैल को युद्ध की घोषणा की।

अमरीकी एशियाटिक समुद्री बेड़े का नेतृत्व कमांडर जार्ज डेवी (1837–1917) कर रहे थे। उन्होंने हांगकांग के समुद्र तट पर अपने बेड़े को एकत्रित किया था। उन्हें आदेश मिला कि स्पेनिश प्रशांत समुद्री बेड़े पर कब्जा कर लें या उसे पूरी तरह नष्ट कर दें। स्पेनिश बेड़ा उस समय स्पेन के उपनिवेश फिलीपींस के समुद्र तट पर मौजूद था।

30 अप्रैल को कमांडर जॉर्ज डेवी अपने बेड़े को लेकर लेजोन के पास पहुँच गया, जो फिलीपींस का प्रमुख द्वीप था।

उसी रात अँधेरे का लाभ उठाते हुए अमरीकी युद्धपोत आगे की तरफ बढ़ने में सफल हुए।

अमरीकी समुद्री बेड़ा स्पेनिश नौसैनिकों की आँखों में धूल झोंकते हुए रात के अँधेरे में कोटेगिडोर द्वीप से निकलकर मनीला बे तक पहुँच पाने में सफल हुआ।

जब सुबह हुई, तब अमरीकी नौसैनिकों ने स्पेनिश समुद्री बेड़े को

अपनी आँखों से देखा। केविट नौसैनिक अड्डे पर समुद्र किनारे पुराने स्पेनिश युद्धपोतों को रखा गया था।

स्पेनिश समुद्री बेड़े की तुलना में अमरीकी समुद्री बेड़ा हथियारों से भली-भाँति सुसज्जित था और भारी संख्या में नौसैनिकों को तैनात किया गया था। नौसेना मंत्री थियोडोर रूजबेल्ट (1858-1919) के प्रयासों से अमरीकी नौसेना के आधुनिकीकरण पर विशेष बल दिया गया था। रूजबेल्ट ने ही इस बेड़े का नेतृत्व करने के लिए डेवी जैसे काबिल अधिकारी का चुनाव किया था।

सुबह 5.40 बजे डेवी ने अपने पोत ओलंपिया के कप्तान से कहा, ''जब तुम तैयार हो जाओ तो फायर कर सकते हो ग्रिडली।''

दो घंटे के बाद स्पेनिश बेड़े पर हमला कर उसे बुरी तरह परास्त कर दिया गया। डेवी ने अपने नौसैनिकों को हमला रोकने का आदेश दिया। डेवी ने अपने कप्तानों के साथ बैठक की और पोतों के कर्मचारियों को दूसरी बार नाश्ता परोसने का आदेश दिया।

केबिट बंदरगाह पर अमरीकी बेड़े से घिरे हुए स्पेनिश पोतों के अधिकारियों ने आत्मसमर्पण करने से इनकार कर दिया। एक बार फिर युद्ध शुरू हो गया। दोपहर तक स्पेनिश बेड़े ने आत्मसमर्पण कर दिया। इस युद्ध में स्पेन की तरफ से 370 नौसैनिक मारे गए, जबकि अमरीका की तरफ से केवल दस नौसैनिक मारे गए।

डेवी ने निर्णायक जीत हासिल कर अगस्त में मनीला पर अमरीकी अधिकार का मार्ग प्रशस्त कर दिया। इसके साथ ही फिलीपींस पर स्पेन का कब्जा समाप्त हो गया और वह अमरीकी नियंत्रण में आ गया।

❑

लूटजेन युद्ध
(1632 ई.)

नवंबर 1632 में सर्दी समय से पहले ही शुरू हो गई थी। कैथोलिक कमांडर अलबर्ट वोन वालेनस्टीन ने सोचा कि अभियान को जारी रखने का मौसम खत्म हो गया था और आगे की तरफ अभियान को जारी रख पाना प्रतिकूल मौसम में मुमकिन नहीं था। यही सोचकर उसने लिपजिग की तरफ लौटने का फैसला किया।

अलबर्ट ने अपनी सेना को भी विभाजित कर दिया। सेना के एक हिस्से को उसने जनरल गोटफ्रीड की अगुवाई में पहले ही रवाना कर दिया। दूसरे हिस्से का नेतृत्व करते हुए वह स्वयं आगे बढ़ने लगा।

स्वीडन का राजा गुस्तावस एडोल्फस प्रतिकूल मौसम को देखकर हतोत्साहित नहीं हुआ था। वह अपनी प्रोटेस्टेंट सेना के साथ अलबर्ट की सेना पर आक्रमण करना चाहता था। उसको सूचना मिली थी कि रिपेक नदी के तट पर अलबर्ट अपनी सेना के साथ पड़ाव डालकर विश्राम कर रहा था।

गुस्तावस एडोल्फस की सेना 15 नवंबर को अपनी छावनी से तड़के रवाना हो गई और रिपेक नदी के किनारे पहुँची। तब तक अलबर्ट अपनी सेना को लेकर आगे निकल चुका था। वह रिपेक नदी के किनारे थोड़े से सैनिक को छोड़कर गया था, जिन्हें गुस्तावस की सेना ने आसानी से बंदी बना लिया।

अलबर्ट को अपने पीछे शत्रु की सेना के आगमन की सूचना जैसे ही मिली तो उसने अपने सेनापति पापेनहीम को सेना लेकर मदद के लिए बुला भेजा और लूटजेन-लिपजिग मार्ग पर बचाव के लिए मोरचाबंदी कर ली।

उसने अपनी सेना की एक दक्ष टुकड़ी को बंदूकों और तोपों के साथ एक पहाड़ी पर तैनात कर दिया।

पीछे-पीछे आ रही गुस्तावस सेना को विलंब हो गया था और उसने कुछ मील दूरी पर अपना पड़ाव डाला था।

16 नवंबर की सुबह गुस्तावस की सेना लूटलेन से पूरब की तरफ बढ़ी और युद्ध के लिए मोरचाबंदी कर ली। काफी ज्यादा धुंध होने के कारण 11 बजे दिन तक गुस्तावस की सेना मोरचाबंदी करने में जुटी रही।

अलबर्ट की सेना का जायजा लेते हुए गुस्तावस ने अपनी अश्वारोही सैनिकों के दल को अलबर्ट की सेना के बाएँ पार्श्व पर आक्रमण करने का आदेश दिया। वहीं उसकी पैदल सेना ने अलबर्ट की सेना के दाएँ पार्श्व और मध्य हिस्से पर आक्रमण कर दिया।

गुस्तावस के अश्वारोही सैनिकों ने बहादुरी का परिचय देते हुए अलबर्ट की सेना को रौंदना शुरू कर दिया। कर्नल टोटेरनन के नेतृत्व में अश्वारोही सैनिकों ने निर्णायक युद्ध लड़ना शुरू कर दिया।

जिस समय अलबर्ट की सेना के बीच गुस्तावस के अश्वारोही सैनिकों ने आतंक फैला दिया था, उसी समय पापेनहीम सेना को लेकर पहुँच गया। उसके नेतृत्व में तीन हजार कैथोलिक अश्वारोही सैनिकों ने प्रोटेस्टेंट हमले का करारा जवाब देना शुरू कर दिया।

पापेनहीम रणक्षेत्र में अपने सैनिकों का नेतृत्व करते हुए बहादुरी के साथ लड़ रहा था, तभी बारूद के हमले से वह घायल हो गया। इसके बावजूद भीषण संघर्ष जारी रहा और दोनों ही पक्षों के सेनापतियों ने अपने अतिरिक्त सैनिकों को भी मैदान में उतार दिया।

दोपहर एक बजे गुस्तावस एडोल्फस स्वयं बहादुरी के साथ लड़ने के लिए आगे बढ़ा। रणक्षेत्र में उड़ती धूल के बीच उसे किसी ने नहीं देखा। आगे बढ़कर वह अपने सैनिकों से दूर हो गया और शत्रु सेना के हमले में मारा गया। उसकी सेना ने जब उसके घोड़े को भागते हुए देखा, तब जाकर उसकी मौत का पता चला।

राजा की मौत के चलते स्वीडन की सेना का मनोबल टूटकर रह गया। सैनिकों ने राजा के शव की तलाश शुरू कर दी, जो एक खेत में तोप रखनेवाली गाड़ी में पड़ा हुआ मिला।

राजा के शव को गोपनीय तरीके से खेत से निकालकर सुरक्षित स्थान पर पहुँचाया गया ताकि शेष सैनिकों के मनोबल को टूटने से बचाया जा सके।

रणक्षेत्र में स्वीडन की पैदल सेना वीरतापूर्वक अलबर्ट की सेना के साथ लड़ने में जुटी हुई थी। स्वीडन की सेना की मोरचाबंदी टूटती जा रही थी। राजा की मौत की अफवाह के चलते सैनिकों का मनोबल प्रभावित हो रहा था।

स्वीडन के राजपुरोहित जैकब फैब्रीसियस ने सैनिकों को राजा के निधन की सूचना देते हुए मनोबल को मजबूत रखने का संदेश दिया। गुस्तावस के सेनापति बर्नार्ड ने सेना का नेतृत्व सँभाल लिया।

राजा की मृत्यु से संतप्त होकर स्वीडन के सैनिकों ने प्रतिशोध की भावना के साथ अलबर्ट की सेना पर हमला बोल दिया और पहाड़ी पर रखे गए गोला-बारूद पर कब्जा कर लिया।

अपनी हालत बिगड़ते हुए देखकर अलबर्ट ने पीछे की तरफ लौटना शुरू कर दिया और वह सुरक्षित लिपजिग पहुँच गया।

इस युद्ध में लगभग 5,000 प्रोटेस्टेंट सैनिक मारे गए, वहीं 6,000 कैथोलिक मारे गए। इस युद्ध में प्रोटेस्टेंट सेना की जीत हुई थी, मगर उन्होंने अपने राजा गुस्तावस को इस युद्ध में गँवा दिया था।

❑❑❑